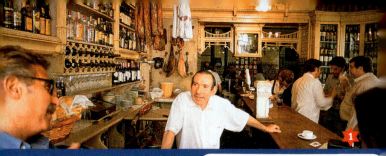

Sevilla
Thomas Hirsch

MERIAN-TopTen
Höhepunkte, die Sie unbedingt sehen sollten

 Tapas-Bars
Die Sevillaner Art, sich kulinarisch zu verwöhnen, hat in ganz Spanien Schule gemacht (→ S. 25).

 Karwoche
Die »Semana Santa« prägen Prozessionen rund um die Passion Christi – auf den Straßen gelebte Religiosität (→ S. 45).

 Isla Mágica
Eine Multimedia-Welt, die uns in die Zeit der Entdeckungen, Piraten und sagenumwobenen Abenteuer entführt (→ S. 48).

 Catedral de Santa María de la Sede
Spaniens größte Kathedrale. Der Glockenturm ist das Wahrzeichen der Stadt (→ S. 57, 78).

 Reales Alcázares
Pedro I von Kastilien ließ sich von nasridischen Baumeistern diesen Palast, heute Weltkulturerbe, errichten (→ S. 67, 79).

 Torre de Don Fadrique
Der romanisch-gotische Turm bietet einen tollen Blick über Macarena und Sevilla (→ S. 68).

 Archivo General de Indias
Die UNESCO zählt das monumentale Archiv der Kolonialgeschichte zum Kulturerbe der Menschheit (→ S. 71, 78).

 Museo de Bellas Artes
Außer in Kirchen und Stadtpalästen versammeln sich Sevillas Kunstschätze auch im Museo de Bellas Artes (→ S. 72).

 Torre del Oro
Benannt wurde der prächtige Festungsturm der Mauren nach den einst mit Gold glasierten Azulejos (→ S. 82).

 Coto de Doñana
Trotz der Umweltkatastrophe von 1998 ist der Nationalpark im Guadalquivir-Delta nach wie vor eines der wertvollsten Biotope Europas (→ S. 84).

MERIAN-Tipps ⇢
finden Sie auf Seite 128

Inhalt

4 **Sevilla stellt sich vor**
*Interessantes rund um
Ihr Reiseziel*

12 **Gewusst wo …**
*Die besten Tipps und
Adressen der Stadt*

14 **Übernachten**
Fürstlich gute, kleine und
große Hotels

18 **Essen und Trinken**
Tradition, Tapas, Tafelfreuden

28 **Einkaufen**
Mode, alte Kachelkunst oder
neue Musik

36 **Am Abend**
Das Nachtleben gehört zum
Pulsschlag der Stadt

42 **MERIAN-Spezial** Flamenco –
Leid und Leidenschaft

44 **Feste und Events**
Andacht und Feierlichkeit
kirchlicher Prozessionen

46 **Familientipps – Hits für Kids**
Aufregende Kulisse für
Kinderträume

50 **Unterwegs in Sevilla**
*Kompakte Beschreibungen
aller wichtigen Sehenswürdigkeiten und Museen*

52 **Sehenswertes**
Von der Antike über den Islam
zum christlichen Mittelalter
und Barock

70 **Museen und Galerien**
Ganz Sevilla ist eigentlich ein
Museum

MERIAN-TopTen
*Höhepunkte in Sevilla, die
Sie unbedingt sehen sollten*
Seite 1

MERIAN-Tipps
*Tipps und Empfehlungen
für Kenner und Individualisten*
Seite 128

Erläuterung der Symbole

👪 *Für Familien mit Kindern
besonders geeignet*

♿ *Diese Unterkünfte haben
behindertengerechte Zimmer*

🐕 *In diesen Unterkünften
sind Hunde erlaubt*

CREDIT *Alle Kreditkarten
werden akzeptiert*

✉ *Keine Kreditkarten
werden akzeptiert*

*Preise für Übernachtungen im
Doppelzimmer ohne Frühstück:*
 ab 240 Euro   *ab 80 Euro*
 ab 120 Euro   • *bis 80 Euro*

*Preise für ein Menü mit Vorspeise
und Dessert, ohne Getränke:*
 ab 60 Euro   *ab 25 Euro*
••• *ab 40 Euro*   • *bis 25 Euro*

76 Spaziergänge und Ausflüge
Die schönsten Stadtrundgänge und Ziele in der Umgebung

Spaziergänge

78 Auf den Spuren des Weltkulturerbes – Durch das historische Zentrum

80 Spaziergang durchs Barrio de Santa Cruz – In das einstige Judenviertel der Stadt

82 Entlang des Guadalquivir durch El Arenal – In das Sevilla des 19. Jahrhunderts

Ausflüge

83 Carmona, Osuna, Écija – ins barocke Andalusien
84 Coto de Doñana
86 Itálica – römische Spuren in Sevilla
88 Sanlúcar de Barrameda

90 Wissenswertes über Sevilla
Praktische Hinweise und Hintergrundinformationen

92 **Geschichte**
Jahreszahlen und Fakten im Überblick

94 **Sprachführer**
Nie wieder sprachlos

96 **Essdolmetscher**
Die wichtigsten kulinarischen Begriffe

98 **Sevilla von A–Z**
Nützliche Adressen und Reiseservice

107 Kartenatlas
120 Kartenregister
124 Orts- und Sachregister
127 Impressum

✥ Karten und Pläne

Andalusien .... Umschlagkarte vorne
Sevilla............... Umschlagkarte hinten
Catedral de Santa María de la Sede....59
Reales Alcázares..........................67
Museo de Bellas Artes 73
Sevilla und Umgebung..................87
Sanlúcar de Barrameda 89
Kartenatlas 107–123

Die Buchstaben-Zahlen-Kombinationen im Text verweisen auf die Planquadrate der Karten, z. B.

⤑ S. 119, F 20 Kartenatlas
⤑ S. 87, b 2 Detailkarte innen
⤑ Umschlagkarte hinten, c 4

Mit Stadtplan

Sevilla stellt sich vor

Rundbogen auf Säulenreihen: Die halbkreisförmige Plaza de España, anlässlich der Weltausstellung von 1929 angelegt, prägt den Parque de María Luisa (→ S. 65).

Die »Prinzessin der Städte«, so nennen die Sevillanos ihren Heimatort. Sevilla bietet eines der schönsten baulichen Szenarien auf dem gesamten Globus – in dem viele Überraschungen stecken.

Sevilla – Stadt der Romantiker?

Ob von Huelva, von Córdoba her oder aus Jerez de la Frontera – wenn man nach Sevilla kommt, vollzieht sich stets dasselbe Schauspiel: Nach der kargen andalusischen Weite der »campiña« von Sevilla flimmert in der Hitze Andalusiens plötzlich eine moderne Stadt vor dem Besucher. Flughafen, Gewerbe- und Industriegebiete sind das Erste, was man noch im Rausch der Geschwindigkeit aus dem Schnellzug AVE oder dem Auto heraus wahrnimmt, während einem trotz Klimaanlage die Hitze fast den Atem nimmt. Und das schon im Mai. Dann das Hochwasserbett des Guadalquivir, Hafen und Ausfallstraßen einer modernen Metropole. Die Loops der hochmodernen Achterbahn im Vergnügungspark Isla Mágica auf dem Gelände der Expo '92 zeigen das neue Gesicht von Sevilla. Und wo ist der viel gerühmte Zauber?

Doch bald werden die Straßen enger, Pferdedroschken mischen sich unter die Autos, und plötzlich bleibt die Zeit stehen. Ausgelöscht von der Hitze, die über den Dächern steht. Man ist in dem Sevilla angelangt, von dem man schon lange träumte.

Böse Zungen behaupten, Sevilla hätten die französischen und britischen Romantiker des 19. Jahrhunderts erfunden. Den Sevillanos habe das so sehr gefallen, dass sie dieses Bild bis heute hegen und pflegen. Ein Sevilla, das in der Karwoche seinen Marienbildern, Christusfiguren und barocken Heiligen zu Füßen liegt, das sich zur Feria de Abril geschlossen in folkloristische Trachten steckt. Tanzende Sevillanas, feiernde Toreros, die in der Stierkampfarena von Sevilla zu einem der weltweit größten Treffen ihrer Zunft zusammenkommen. Ein Sevilla, das im Frühjahr nach Blüten duftet, wenn in der »Prinzessin der Städte« über 10 000 Orangenbäume blühen. Dessen Sommernächte jasmingetränkt sind, das sich im Spiegel des Guadalquivir jede Nacht selbst betrachtet und zu dem Schluss kommt, dass es keine schönere Stadt gibt auf dieser Welt.

Der Sache tut keinen Abbruch, dass sich die Giralda – Sevillas multikultureller maurischer Turm der gotischen Kathedrale – erst seit 1992 nachts auch wirklich im »großen Strom« spiegelt. Denn der von den Römern Betis, von den Arabern Guadalquivir genannte Fluss wurde erst zur Expo wieder in sein ursprüngliches Bett geleitet. Und zur Zeit der Romantiker war die maurische Giralda auf römischem Fundament und mit Kopfschmuck aus der Renaissance auch noch nicht so spektakulär angestrahlt, genauso wenig wie die Torre del Oro, jener achteckige Festungsturm der Almohaden und prachtvolles Relikt der alten Stadtbefestigung.

Trotzdem gelingt es dem Sevilla von heute, so zu wirken, als habe es sich seit Jahrhunderten nicht verändert. Als sei die »Prinzessin« von jeher der Nabel der Welt. Welche Stadt auf dem Globus hat schon ein Olympiastadion, ohne dass je Olympische Spiele in ihr ausgetragen wurden? Den Sevillanos reichte dafür die Leichtathletik-WM 1999. Dafür begann Sevilla 2003 mit dem Bau seiner U-Bahn – nur rund ein Jahrhundert später als der Rest der Welt. Und »nur« fünf Jahre später steht zumindest die erste Linie kurz vor der Eröffnung!

Im Grunde der Herzen der Sevillanos ist Sevilla seit jeher Olympiastadt. Nicht umsonst stand in das erst 1864 abgerissene Stadttor Puerta de Jerez eingemeißelt: »Hercules hat mich gegründet, Julius Caesar umgab mich mit Mauern und hohen Türmen, der heilige König eroberte mich.« Mit Letzterem ist der später heilig gesprochene Fernando III von Kastilien gemeint, der nach Toledo und Córdoba 1248 auch Sevilla den Mauren entriss.

Sevilla stellt sich vor

Erst mehr als zwei Jahrhunderte später wurde Sevilla tatsächlich zum Nabel der Welt. Wenn auch nur ein gutes Jahrhundert, ein goldenes Jahrhundert lang: In Spanien nennt man dieses 16. Jahrhundert **El siglo de Oro**. Dabei sollte Sevilla im denkwürdigen Jahr 1492 vorerst keine Rolle spielen. Vor den Toren des belagerten Granada nämlich hatte Cristobal Colón die katholische Königin Isabel von Kastilien davon überzeugen können, dass an Spaniens Cabo Finisterre die Welt nicht zu Ende ist.

Kopernikus war damals gerade 19 Jahre alt, Machiavelli 23, Luther erst 9, als **Kolumbus** in Sanlúcar de Barrameda in See stach. Nach der Entdeckung der Neuen Welt wurde Sevilla jedoch der Hafen, in den vorwiegend das Gold verschifft wurde, das die Eroberer und Händler aus der Neuen Welt brachten. Und mit diesem Gold – in Wirklichkeit war es vor allem Silber, nämlich 7593 Tonnen – blühte das Leben der katholischen Könige am Hof von Sevilla zwischen 1503 und 1600 auf.

Mit dem Edelmetall kamen auch die Kartoffel und der Tabak, vor allem aber die Kunst nach Sevilla. Die größten Namen der spanischen Malerei stammen entweder aus Sevilla selbst – wie Velázquez, Murillo, Valdés Leal – oder sie sind wie Zurbarán oder Ribera eng mit dem goldenen Zeitalter Sevillas verbunden.

Während im übrigen Europa Bilderstürmer die Gotteshäuser von Prunk und Bildwerk »reinigten«, schufen hier Bildhauer wie Maríñez Montañés, Juan de Mesa, Ruiz de Gijón oder Luisa Roldán die Heiligen- und Marienbilder sowie die Darstellungen der Passion, die bis heute bei den Prozessionen in der Karwoche oder zu Corpus Christi hunderttausende von Gläubigen auf die Straße ziehen. Über 50 »cofradías« – Bruderschaften, die schon seit Jahrhunderten den Kult

Das goldene Zeitalter

um die Heiligenbilder organisieren – sind in Sevilla beheimatet.

Und in Triana natürlich, am Westufer des Guadalquivir. Sein Ruf, das Viertel der Gitanos und des Flamenco zu sein, geht auf das 18. Jahrhundert zurück, als hier tatsächlich in großer Zahl die im frühindustriellen Spanien stark verarmten und ausgegrenzten Roma zuwanderten. Doch von seiner Tradition her ist Triana das Tor Sevil-

Die moderne Hängebrücke Puente de la Barqueta, errichtet zur Expo '92, überspannt den Guadalquivir in einem einzigen Bogen von 168 Metern Länge.

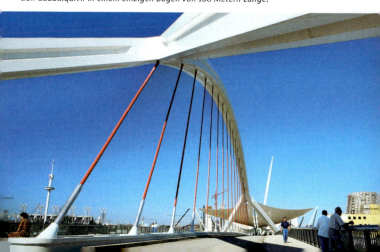

Die Giralda (→ S. 57), einst Minarett einer Moschee und heute Glockenturm der Kathedrale, ist das Wahrzeichen Sevillas. Abends sieht man sie schon von weitem leuchten.

las zu den Erzminen Huelvas, ganz im Gegensatz zum gegenüberliegenden alten Sevilla, das von der Landwirtschaft und den andalusischen Großgrundbesitzern geprägt war und ist. Immer spielte dabei der **Guadalquivir** – der »große Fluss«, wie ihn die Araber nannten – eine zentrale Rolle.

Lag das antike **Tartesos** auf dem Hügel, über den heute die Calle del Aire verläuft, bei den Jardines de Murillo und der Plaza Salvador? Wenn der Guadalquivir bei heftigen Regengüssen wie so oft über seine Ufer trat und El Arenal wie auch Triana überflutete, war dieser Hügel einer der wenigen trockenen Plätze so nahe an der Mündung des »Großen Flusses«. Oder lag Tartesos auf dem Hügel von Castilleja de la Cuesta, wo im Jahr 1956 durch Zufall der Goldschatz Tesoro del Carambolo gefunden wurde, der heute im archäologischen Museum Sevillas gezeigt wird? Auch der deutsche Archäologe Adolf Schulten, der gerne seinem Kollegen Heinrich Schliemann etwas entgegengesetzt hätte, suchte vergeblich auf den Hügeln und in den Dünen rund um Sevilla.

Viele Spuren sind in den Jahrhunderten der Punischen Kriege verloren gegangen. Nach seinem Sieg 206 v. Chr. bei Sevilla über die Karthager ließ Scipio Africanus **Itálica** bauen, wo römische Veteranen angesiedelt wurden. Für Sevilla begann eine neue Zeitrechnung. Auch die Säulen in der Calle Mármoles stammen aus diesen goldenen römischen Jahrhunderten, die mit Trianus und Hadrian zwei römische Kaiser hervorbrachten. Betis nannten die Römer den Strom, der sich 665 Kilometer landeinwärts durch

Spuren der Vergangenheit

die Kornkammern Andalusiens, die Olivenhaine und bis hin zu den Gold-, Silber-, Kupfer- und sonstigen Erzvorkommen schlängelte.

Ein Reichtum, der vor einigen Jahren viel Schaden angerichtet hat: 1998 brach im nahegelegenen Aznalcóllar der Schlacke-See einer Pyrit-

Sevilla stellt sich vor

mine. Fünf Millionen Kubikmeter mit Schwermetall verseuchter Abwässer ergossen sich in den Río Guadiamar hinab bis in die Randgebiete des Naturreservats **Coto de Doñana**, Biosphärenreservat der UNESCO und Lebensraum des bedrohten Pardelluchses. Tausende Fische und Wasservögel verendeten bei der verheerenden Umweltkatastrophe, an deren Spätfolgen das Ökosystem noch über viele Jahre leiden wird.

Im Jahr 441 setzten die Vandalen der kulturellen Blüte in diesem Winkel des Römischen Reichs ein Ende. Im 6. Jahrhundert war Sevilla für die Westgoten ein kulturelles Zentrum ihres aus den Wirren der Völkerwanderung geborenen Reichs, das 711 den arabischen Eroberern jedoch militärisch nichts entgegenzusetzen hatte.

Auch unter den Mauren war Sevilla bestenfalls die »Prinzessin der Städte«, nicht die Königin. Das Kalifat wurde von Córdoba aus regiert, und hätten 844 nicht die Wikinger den Guadalquivir unsicher gemacht, dann hätten die Araber wohl nicht einmal die **Torre del Oro** Sevillas gebaut, die fortan dazu diente, Schiffen den Weg flussaufwärts zu verwehren.

Erst als das Kalifat in islamische Fürstentümer zerfiel, erlebte Sevilla unter den Almohaden eine neue Blüte. Dennoch sollte man sich von dem Mythos nicht täuschen lassen, Sevilla sei die über Jahrhunderte unter verschiedenen Kulturen gewachsene Metropole antiker und frühchristlicher, islamischer, jüdischer und erneut christlicher Kulturen: Als der siegreiche König Fernando III am 22. Dezember 1248 Einzug hielt, war die Stadt den Chronisten zufolge wie ausgestorben. Muslime, die nicht mit Hab und Gut geflohen waren, wurden vertrieben. Die sephardischen Juden erlitten zwei Jahrhunderte später dasselbe Schicksal. Auch wenn Sevilla in seinem goldenen Zeitalter als Hafen der Neuen Welt erneut zum Schmelztiegel der Kulturen wurde, so sind die Ursprünge seiner Einwohnerschaft weitgehend kastilischer Herkunft.

Allemal erfüllt die Stadt romantische Vorstellungen von bezaubernden schmalen Gassen, südlichem Temperament à la Carmen und Flamencotanz aus ganzem Herzen. Klischee und Wirklichkeit gehen hier oft Hand in Hand. So lieben viele Sevillaner den

Vor der alljährlichen Pilgerfahrt zur Statue der Heiligen Jungfrau in El Rocío (→ S. 85) versammelt sich die festlich gekleidete Prozession vor der Kathedrale (→ S. 57).

Flamenco, Gesang und Wein

Flamenco, und an stillen Abenden hört man nicht selten Gitarrenklänge aus einer Wohnung oder einer kleinen Bar. Kein Sevillaner aber sucht die typischen, nicht gerade billigen Flamencovorstellungen auf, die in verschiedenen Restaurants angeboten werden und reine Touristenattraktionen sind. Auch würde nie ein Einheimischer die ortstypische **Sevillana** mit dem Flamenco gleichsetzen, der so unterschiedliche Stil- und Ausdrucksformen wie den **Cante Hondo**, den **Tango**, die **Bulería** kennt, die weniger aus Tanz als vielmehr aus Gesang, Gitarre und Klatschen bestehen.

Doch auf das folkloristische Sevilla sind solche feinen Unterschiede kaum anwendbar. Wenn Sevilla bei seiner **Feria** im April ein Weltbild des 19. Jahrhunderts feiert – als bestünde die Welt immer noch aus reichen Gutsbesitzern zu Pferd und armen Tagelöhnern –, dann gibt sich die Stadt mit tausenden schaulustiger Besucher dem schönen Schein einer plakativen Romantik hin.

Und stimmt es etwa nicht, dass gerade in Andalusien bis heute ein Großteil der Arbeitskräfte die Tagelöhner auf den Olivenplantagen von Sevilla bis Jaén oder in den Gemüse-Gewächshäusern von Almería stellen? Nur dass die billigen Arbeiter heute aus Nordafrika herüberkommen. Soziale Ungerechtigkeit gibt es auch im Andalusien von heute, wie die rassistischen Ausschreitungen in El Ejido im Februar 2000 augenscheinlich gemacht haben.

Auf der anderen Seite identifiziert sich Andalusien heute wieder stark mit jenem Erbe der Toleranz, das das maurische Al-Andalus – das islamische Reich im Land der Vandalen – in Spanien zurückgelassen hat. Die Routen und Initiativen des Kulturverbandes »El Legado Andalusí« sind ein gutes Beispiel dafür.

Kein Mythos, sondern Realität: Viele junge und alte »Durchschnittsandalusier« ziehen auch während der Woche bis spät in die Nacht von einer Bar zur nächsten. Sevillas warme Nächte sind gerade im Sommer die einzig erträgliche Zeit des Tages. Im Lauf des 20. Jahrhunderts hat sich Bier als beliebtestes alkoholisches Gegenmittel gegen die Hitze durchgesetzt, doch auch ein kühler Fino de Jerez wirkt Wunder. Dazu greift man zu den berühmten Tapas, auch wenn es im Alltag keine Designer-Tapas sein müssen: Köstliche Oliven und frisch frittierte Kartoffelchips gehören auf jeden Fall zum Gläschen zwischendurch. Für eine Tapas-Tour muss man schon tiefer in die Tasche greifen, und Andalusien gehört zu den ärmsten Regionen Spaniens.

Dass die gepflegten Tapas-Bars dennoch immer beliebter werden, zeigt, dass der Wohlstand in den letzten Jahrzehnten doch erheblich zugenommen hat. Wichtiger aber als das Essen ist den Sevillanos in jedem Fall »la diversión«: das Vergnügen.

Dass es immer weniger Orte gibt, die nicht von den Fremden (»guiris«) erobert wurden, ist den Sevillanos durchaus lästig. Deshalb entstehen ständig neue Bars und Szenetreffs, in die man flüchtet. Der Charme Sevillas ist auch rund um die touristischen Viertel (»manzanas«) nicht verloren gegangen, auch wenn man sich besonders im ehemaligen Judenviertel, der Judería im Barrio de Santa Cruz, oft wie in einer Filmkulisse fühlt. Ein hilfreicher Kniff für die Reiseplanung: die Nebensaison im Nachsommer wählen. Dann genießen die Sevillanos ihre Stadt weitgehend ungestört. Zwar blühen die Orangen nicht, wohl aber noch vereinzelt Jasmin. Die starke Hitze ist vorbei, das Licht seidig, die Stadt lebendig, sofern nicht gerade die ersten Herbstregen niedergehen. Anders als zur Feria de Abril steht man auch nicht vor geschlossenen Museen, Läden und Lokalen.

Allabendlich füllen sich die zahlreichen Bars von Santa Cruz und Triana mit Leben. Dann wird geplauscht, geschäkert, geflirtet und die Nacht zum Tage gemacht.

Für Stefan Zweig war Sevilla »ein Lächeln auf dem Antlitz des Lebens«. Doch die Stadt hat auch ganz andere Seiten: So bekommt man nicht selten in ganz Spanien einen Satz über Sevillanos zu hören: »la labia que tienen« ... »so eine dicke Lippe« – Wirklich übersetzen lässt sich das, wie so vieles, gerade im andalusischen Spanisch nicht. Doch dem übertriebenen Narzissmus der Sevillanos, die sich von Geburt an als Nabel der Welt empfinden, begegnet man hier auf Schritt und Tritt. Zu Sevilla gehören nicht nur fröhliche, offene, auf sympathische Art gemächliche Lebenskünstler, sondern auch eher misstrauische, nur nach außen hin freundliche Einwohner. Machos, die in ihrem Leben noch kein Spiegelei gebraten haben und sich in aller Selbstverständlichkeit von ihren Frauen bedienen lassen. Extrem konservative Familien, die ihre Kinder streng katholisch erziehen und den allgemeinen »Sittenverfall« damit aufzuhalten glauben – wohl ein Relikt der düsteren Jahre des fundamentalistischen Katholizismus, der im späten 15. Jahrhundert nach der Eroberung Granadas einsetzte, der Inquisition und »limpieza de sangre« mit sich brachte: den Versuch der christlichen Herrscher, nach den Jahrhunderten des Islam und des mitunter toleranten Miteinanders von Moslems, Christen und Juden das christlich-kastilische Blut »rein« zu halten.

Genieße das Leben!

Selbst im »roten« Andalusien, das seit den frühen Achtzigerjahren unangefochten von Sozialisten regiert wird, ist dieses tiefgläubige, ebenso romantisch wie militant fromme Christentum bis heute lebendig. Andererseits bildet die Religiosität ein authentisches Merkmal des andalusischen Charakters. Es ist der tiefe Glaube, dass unser Leben in der Hand Gottes, Mariens und der Heiligen liegt. Wozu also sich Sorgen machen: »A vivir, que son dos días«, sagt der Sevillano. Genieße das Leben, es dauert doch nur ein paar Tage ...

Gewusst wo ...

Ein Aperitif zu den letzten Strahlen der Abendsonne an der Uferpromenade des Guadalquivir. Auch zu fortgeschrittener Stunde spielt sich während der Sommermonate noch ein Großteil des Lebens im Freien ab ...

Wer bei Sevilla an Süden – und damit an Laisser-faire denkt, irrt: Was die Sevillanos machen, machen sie richtig. Das gilt für die Arbeit, aber eben auch für das Ausgehen mit Freunden – und das Feiern.

Übernachten

Die Stadt bietet eine königliche Auswahl zwischen fürstlich guten, kleinen und großen Hotels.

Viele der anspruchsvollen Hotels sind in historischen Gebäuden untergebracht. Das Alfonso XIII im Herzen der Stadt vereint Tradition mit modernem Luxus.

Übernachten 15

Seit der Expo '92 hat sich das Angebot an Unterkünften in Sevilla vervielfacht. Zur Auswahl stehen Hotels und Pensionen aller Art, von Luxushäusern über preiswerte und saubere Mittelklassehotels bis zu billigen »hostales«. Letztere gibt es wie Sand am Meer, über die ganze Stadt verteilt; von der abstoßenden Kaschemme bis hin zur gepflegten kleinen Absteige findet man in dieser Kategorie alles. Bei den Hostals ist das Frühstück in der Regel nicht im Preis inbegriffen, was in vielen Fällen auch nicht schade ist, da es sich ohnehin besser und authentischer im Café um die Ecke frühstückt. In den Hotels hingegen gehören respektable Frühstücksbuffets inzwischen zum Standard, ein anständiger Kaffee aus der Espressomaschine hingegen leider nicht.

Spaniens **Hotels** sind in sechs offizielle Klassen eingeteilt. Dabei stehen fünf Sterne mit der Abkürzung für »Gran Lujo« (GL) für die führenden Luxushotels. Die Klassifizierung reicht hinab bis zu einem Stern, der bedeutet, dass nicht alle Zimmer über Bad und Toilette verfügen.

Hochsaison herrscht in Sevilla während der Karwoche und der Feria de Abril. Wer nicht ein Jahr vorher an die Reservierung denkt, kommt auf eigene Faust in Sevilla nicht unter, und die Preise liegen deutlich höher als in diesem Führer angegeben. Ansonsten findet man in Sevilla zu jeder Jahreszeit leicht ein gutes Quartier.

HOTELS ●●●●
Alfonso XIII ⸻⟶ S. 118, A 21
Das Hotel mit fünf Sternen und Gran Lujo wurde für die Expo 1929 errichtet, als Nobelherberge für Spaniens König Alfonso XIII. Entworfen von José Espiau y Muñoz, ist das Hotel typisch andalusisch rund um einen zentralen Patio mit Brunnen angeordnet. Großer Garten und renommiertes Restaurant.
C. San Fernando, 2; Tel. 954 91 70 00, Fax 954 91 70 99; www.luxurycollection.com; 149 Zimmer ●●●● CREDIT

Hacienda Benazuza elBullihotel
⸻⟶ S. 87, a 2
Maurischer Landadelssitz, namhafte Stierkampfzucht – es musste schon jemand wie Ferran Adrià kommen, damit die Hacienda Benazuza endgültig in die Geschichte eingeht. Zum uneingeschränkten Luxus in landschaftlicher und baugeschichtlicher Schönheit gesellt sich das kulinarische Erlebnis, im andalusischen Restaurant dieses Spitzenkochs aus Katalonien zu speisen (→ S. 20). Historisch gut! 15 km von Sevilla entfernt; Babysitter.
Sanlúcar la Mayor, C. Virgen de las Nieves s/n; Tel. 955 70 33 44, Fax 955 70 34 10; www.hbenazuza.com, www.elbullihotel.com; 44 Zimmer ●●●● CREDIT 🐕

Hacienda la Boticaria ⸻⟶ S. 87, b 2
Landhotel mit Gestüt, Golfplatz und der ursevillanischen Parfümmarke Agua de Sevilla. Idyllische Zimmer rund um die sechs offenen Patio-Gärten – ein Traum von einer Hacienda, diesmal nicht renovierter Altbau, sondern in seiner ganzen Schönheit vom Fundament auf als Hotel-Landgut mit idyllischem See geplant. Ein Traum sind die Kutschenfahrten durch die herrliche Landschaft. Nur 15 km vom Zentrum entfernt, natürlich ist auch ein Heliport vorhanden –.
Carretera Alcalá–Utrera, km 2, Alcalá de Guadaira; Tel. 955 69 88 20, Fax 9 55 69 87 55; www.laboticaria-hotel.com
●●●● CREDIT ♿

HOTELS ●●●
Al-Andalus Palace
⸻⟶ Umschlagkarte hinten, d 5
Das Al-Andalus gilt in Sevilla als die moderne Variante des traditionsreichen Alfonso XIII. Das Hotel verfügt über Restaurants, Bar, Trainingsräume, Sauna, Schwimmbad, Solarien sowie einen großen Garten. Besonders für Geschäftsleute ideal.
Avda. La Palmera s/n; Tel. 954 23 06 00, Fax 954 23 19 12; www.silken-alandalus palace.com; 328 Zimmer ●●● CREDIT ♿

MERIAN-Tipp

1 La Cartuja de Cazalla

Wohnen wie ein spanischer Grande! Die Mauren hatten hier einst eine Moschee errichtet, die Kartausermönche bauten auf deren Grundmauern ein Kloster. Heute ist die Hospedería de la Cartuja eine jener Landhotel-Perlen, in denen man Ruhe und Entspannung beim Reiten, Töpfern, Malen oder einfach nur mit einem Buch am Teich findet. Eine empfehlenswerte Alternative an heißen Sommertagen, ca. 90 km nördlich von Sevilla gelegen.

Hospedería de la Cartuja, Carretera de la Estación, pk 1,5; Tel. 954 88 45 16, Fax 954 88 47 07; www.cartujade cazalla.com; 16 Zimmer ●● CREDIT 🐎
⤑ S. 87, b 1

Casa Imperial ⤑ S. 114, C 14
Dieser Stadtpalast aus dem 16. Jh. bietet heute als Apartmenthotel Stille und gehobenen Stil für Individualisten in der Altstadt. Alle Zimmer sind mit einer Küche ausgestattet.
C. Imperial, 29; Tel. 954 50 03 00, Fax 954 50 03 30; www.casaimperial.com; 24 Zimmer ●●● CREDIT

Petit Palace Canalejas 🎎
⤑ S. 113, D 10
Die Petit-Palace-Hotels der Firmenkette High Tech bieten genau das, was der Name sagt: stilvolle Unterkunft in kleinen Stadtpalais mitten in den schönsten Vierteln der Stadt, technisch bestens ausgestattet, guter Service, überschaubar bis klein, für Familien ebenso geeignet wie für Businessreisende. Das Canalejas in einem herrlichen Gründerzeitbau in El Arenal zwischen Museo de Bellas Artes und Plaza de Toros ist dafür ein gutes Beispiel. Ideal gelegen für Stadtbesichtigungen und einen Einkaufsbummel.
C. Canalejas, 2; Tel. 954 22 64 00, Fax 954 21 07 73; www.hthoteles.com; 52 Zimmer ●●● CREDIT ♿ 🐎

Petit Palace Marqués Santa Ana 🎎
⤑ S. 113, E 11
High-Tech-Standard (→ Petit Palace Canalejas, S. 16) zwischen Kathedrale und Plaza de Toros. Erfreulicherweise sind Frühstück und Café in den Petit-Palace-Hotels ebenfalls von hervorragender Qualität.
C. Jimios, 9–11; Tel. 954 22 18 12, Fax 954 22 89 93; www.hthoteles.com; 57 Zimmer ●●● CREDIT ♿ 🐎

Petit Palace Santa Cruz 🎎
⤑ S. 114, A/B 15
Ein weiteres Petit-Palace-Hotel im gleichnamigen Viertel Santa Cruz.
C. Muñoz y Pabón, 18 (Plaza Ramón Ybarra Llosent); Tel. 954 22 10 32, Fax 954 22 50 39; www.hthoteles.com; 46 Zimmer ●●● CREDIT ♿ 🐎

Taberna del Alabardero
⤑ S. 113, E 11
Sieben Zimmer und Suiten, jedes mit einem fantastischen Blick über die Altstadt von Sevilla, der nur noch von jenem Panorama übertroffen wird, den die Dachterrasse bietet. Drinnen findet man ein Ambiente vor, als sei das 19. Jh. erst gestern zu Ende gegangen. Mit Babysitter.
C. Zaragoza, 20; Tel. 954 50 27 21; www.grupolezama.es; 7 Zimmer; Aug. geschl. ●●● CREDIT

HOTELS ●●

Hotel Amadeus ⤑ S. 114, B 15
Eine traumhafte kleine Nachtmusik in der Judería gleich bei der Kathedrale. Instrumente und Partituren gehören allüberall zur Dekoration, dazu ein schallgedämpfter Probenraum und die wunderschöne Atmosphäre. Die Penthouse-Suiten im Attikageschoss des sevillanischen Patio-Stadthauses bieten obendrein einen herrlichen Blick. Da wird so manches luxuriösere Hotel schnell zur zweiten Wahl. Internet auf allen Zimmern.
C, Farnesio, 6; Tel. 954 50 14 43, Fax 954 50 00 19; www.hotelamadeussevilla. com; 19 Zimmer ●● CREDIT ♿ 🐎

Übernachten

Las Casas de la Judería
⇢ S. 114, B 15

Ein wirklich außergewöhnlich hübsches Apartmenthotel im Stadtviertel Santa Cruz. Typisch sevillanische Einrichtung, elegante und gepflegte Zimmer, auch Suiten. Alle Zimmer mit Bad, TV, Telefon und Minibar.
Plaza Santa María la Blanca, Callejón de Dos Hermanas, 7; Tel. 954 41 51 50, Fax 954 42 21 70; www.intergrouphoteles.com; 55 Zimmer ●● CREDIT

Corregidor
⇢ S. 109, F 4

Hotel in der Nähe des Einkaufszentrums, in einem typisch andalusischen Gebäude mit sevillanischem Innenhof. Parkmöglichkeiten gibt es in der Nachbarschaft des Hotels.
C. Morgado, 17; Tel. 954 38 51 11, Fax 954 38 42 38; 83 Zimmer ●● CREDIT

Hostería del Laurel ⇢ S. 114, A/B 16
Mitten im Barrio de Santa Cruz. Zumindest der Legende nach Inspirationsquelle für den Roman »Don Juan«.
Plaza de los Venerables, 5; Tel. 954 22 02 95, Fax 954 21 04 50; 22 Zimmer ●● CREDIT

Patios de Sevilla
Hübsche, komfortable Apartments mit Bad, Küche und TV für bis zu vier Personen in um typisch sevillanische Patios errichteten Gebäuden. Preiswert und ruhig gelegen. Für Karwoche und Feria Monate vorher reservieren!
www.patiosdesevilla.com
Patio de la Alameda ⇢ S. 109, F 4
C. Alameda de Hércules, 56; Tel. 954 90 49 99, Fax 954 90 02 26; 22 Apartments ●● AmEx MASTER VISA
Patio de la Cartuja ⇢ S. 109, F 2
C. Lumbreras, 8–10; Tel. 954 90 02 00, Fax 954 90 20 56; 34 Apartments ●● MASTER VISA ♿

HOTELS ●
Abril
⇢ S. 114, A 13

In der Altstadt gelegen, nah an der Fußgängerzone und der Plaza de la Encarnación. Ruhig und komfortabel, sauber und hell, geschmackvoll eingerichtet. Alle Zimmer mit TV, Bad und Minibar. Kein Parkplatz.
C. Jerónimo Hernández, 20; Tel. 954 22 90 46, Fax 954 56 39 38; www.hotelabril.com; 20 Zimmer ● CREDIT

Maestranza
⇢ S. 113, E 11

Zentrale Lage, ganz in der Nähe von Rathausplatz und Kathedrale, in einer ruhigen Seitenstraße und untergebracht in einem restaurierten sevillanischen Altbau. Die Besitzer sind freundlich und sprechen fließend Deutsch. Gepflegt und einfach, alle Zimmer mit Bad. Keine Parkplätze.
Gamazo, 12; Tel. 954 56 10 70; www.hotel-maestranza.com; 18 Zimmer ● MASTER VISA

Marián
⇢ S. 114, B 14

Ein innenstadtnah, aber ruhig gelegenes neues Hotel, hell und modern, die Zimmer mit Ehebetten allerdings kitschig-rosa. Mit drei kleinen Hinterhöfen und vielen Pflanzen. Alle Zimmer mit Bad und Telefon. Frühstück wird nicht angeboten.
C. Alhóndiga, 24; Tel. 954 21 21 29, Fax 954 21 21 13; www.hotelmarian.com; 23 Zimmer ● MASTER VISA

Hostal París
⇢ S. 113, D 10

Ein kleines, aber nettes Hostal, alle Zimmer mit Bad und Telefon, direkt neben der Einkaufszone der Stadt und in Flussnähe.
C. San Pedro Mártir, 14; Tel. 954 22 98 61, Fax 954 21 96 45; www.sol.com/hostalessp/hostales; 16 Zimmer ● MASTER VISA

El Rey Moro
⇢ S. 114, B 16

Wunderhübsches kleines Hotel im Barrio Santa Cruz. In den Corral-Umgängen des Patio-Innenhofes fühlt man sich wie in einem gemeinschaftlichen Wohnzimmer. Schöner Blick vom Dach, Tür an Tür mit dem Hospital de los Venerables. Hotelbetrieb und Preise noch provisorisch.
C. Reinoso, 8; Tel. 954 56 34 68 und 9 54 56 09 43, Fax 954 22 74 54; www.elreymoro.com; 16 Zimmer ● CREDIT 🐕

Essen und Trinken

Tradition, Tapas, Tafelfreuden: Die Sevillaner legen viel Wert auf ein ausgedehntes geselliges Essen

Eine Tapas-Bar wie aus dem Bilderbuch: El Rinconcillo (→ S. 26) bietet alles rund um die kleinen Leckereien in einem Ambiente aus dem 18. Jahrhundert.

Essen und Trinken

Eintöpfe, die erfrischend kalte Tomatensuppe »gazpacho«, Schnecken, Gemüse und Oliven: Traditionell essen die Sevillanos die Produkte von den Feldern der Campiña in der Senke des Guadalquivir, ernähren sich von den Früchten der andalusischen Felder bis hinauf zu den Olivenhainen von Jaen. Aus den Steineichenwäldern der Sierra Morena kommt der »jamón ibérico«, Fluss- und Meeresgetier aus dem Guadalquivir und seiner Mündung. Kaninchen, Ei, Geflügel – viele dieser Zutaten bestimmen bis heute die »tapas« und »raciones«, die »menus« und »platos«, die in einfachen Restaurants und Bars von Sevilla angeboten werden.

Die Öffnungszeiten der Restaurants: wenn nicht anders angegeben, 12 bis 16 und 20 bis 24 Uhr. Viele Restaurants bleiben im August geschlossen. Fast in jedem Restaurant werden Mastercard und Visa akzeptiert, meist auch Amex und Diners Club.

Doch es ist längst nicht mehr alles Eintopf und »rabo de toro«, was auf die Teller kommt. Der Trend geht zur mediterranen Küche: Neben viel Gemüse und gesundem Olivenöl ist frischer Fisch ein fester Bestandteil, ob nun in Form von frittiertem Kleingetier oder köstlichen Meerbrassen »a la sal« oder »a la espalda«. Für ein Stück Raffinesse in der Gastronomie sorgen baskische Restaurants wie **Egaña Oriza** (→ S. 21) mit seiner ebenso kreativen wie leichten Kochkunst.

Den Vorzug geben die Sevillanos der unprätentiösen Zubereitung ausgewählter »materia prima« – den Grundzutaten also, die Meer und Felder bereithalten. Ob deftig bei Tapa am Tresen, am vornehm gedeckten Tisch oder mit der Fritten-Tüte in der Hand: Wichtiger als der Gaumenkitzel ist das Ritual. Bei einem Glas Manzanilla und zwischen achtlos auf den Boden geworfenen Servietten und Olivenkernen oder in geselliger Runde beim dritten Gang: Sevillas große Freiheit geht durch den Magen. Nur vor einem sollte man sich im heißen Sevilla hüten: Mayonnaise, die die Franzosen im 18. Jh. im menorquinischen Mahón kreierten und in der sich mitunter Salmonellen wohlfühlen.

Rustikal und deftig: die bäuerliche Küche! Eines der schmackhaftesten bodenständigen Gerichte Andalusiens sind »garbanzos con espinacas« (Kichererbsen mit Spinat). Zu den Spezialitäten zählen auch »aliños y picadillos«: geschnittene Tomaten, Paprika, Zwiebeln und Gurken zu Kartoffeln (»papas aliñás«) oder Fischeiern (»huevos«/»huevas de pescado«).

Gazpacho, cocido und puchero

Der »cocido a la sevillana« ist ein Eintopf besonderer Art, bestehend aus Hülsenfrüchten, Eiern und gebratenem Fleisch. Neben Rind verschmäht man weder Kalb, Lamm und Schwein noch Geflügel. Besonders in der Stierkampfzeit beliebt ist »rabo« oder »cola de toro« (Ochsenschwanz), »potajes« und »pucheros« (Eintöpfe) runden die deftige Küche Sevillas ab.

Für Liebhaber der Meeresfrüchte steht von »camarones« und »gambas« aus der Bucht von Huelva (kleine und große Garnelen) bis hin zu »langostinos« (Langusten) und »bogavantes« (Hummer) alles nur Erdenkliche zur Auswahl. »Cabrillas« und »coquinas« sind sehr leckere kleine Muscheln aus dem Sand von Stränden und Flussmündungen. Besonders fein sind die »gambas al ajillo«, gebratene Garnelen in einem duftenden Sud aus Olivenöl und Knoblauch.

Wie so oft, erklärte das Gesundheitsministerium von Spanien trotz der Umweltkatastrophe von Aznalcollar 1998 den Verzehr von Meeresfrüchten aus dem Delta des Guadalquivir für völlig unbedenklich. Experten warnen jedoch, die Folgen des Minenunglücks seien noch nicht ausreichend untersucht.

»Almohada« (das Kopfkissen), »azahares« (Orangenblüten) – viele angenehme Dinge, die auf »al« oder »az« beginnen, haben die Andalusier ihren maurischen Vorfahren zu verdanken. So auch den »azúcar«. Andalusiens Zuckerbäckereien und die »postres« (Desserts) sind arabischen, oft jüdischen Ursprungs. »Tortas de aceite« (In Öl getoastete Fladen) sind das sevillanische Frühstück schlechthin. »Polvorones« und »mantecados«, mit Sesam, Mandeln, Zimt oder Anis gewürzt, sind ein süßes Weihnachts-Naschwerk. Häufige Zutat für sevillanisches Gebäck ist »cabello de ángel«: Fasermelonenkonfitüre. Traditionell kauft man »dulces«, Gebäck und Marmelade in Klöstern. Aus dem Convento de Santa Inés (→ S. 58) stammen ursprünglich die berühmten »tortas«, auch die Nonnen des Monasterio de San Clemente (→ S. 64) zaubern himmlische Süßigkeiten.

Sevilla ist kein Weinanbaugebiet; Cádiz, Huelva und natürlich Jerez mit seinen »Sherry«-Weinen stehen an erster Stelle. In den Restaurants und Bodegas der Stadt wird heute die ganze Vielfalt spanischer Weine angeboten. Besonders in Rioja, der bekanntesten Weinregion Spaniens, in Katalonien und an der nordkastilischen Ribeira del Duero werden Spitzenweine gekeltert. Entscheidend ist die Qualität: »Crianza« und »reserva« stehen dafür, dass der Wein ein bis vier Jahre im Fass ausgebaut wurde. Jerez produziert neben dem klassischen Vino fino de Jerez – kurz und englisch: Sherry – die bekannten Brandys. Probieren sollte man den **Manzanilla** aus Sanlúcar de Barrameda, der dank des Küstenklimas einen trockenen, fruchtigen Geschmack entfaltet.

Restaurants ●●●●
La Alquería ⟶ S. 87, a 2
Der neue Stern unter Sevillas Restaurants gehört zum Hotel Hacienda Benazuza (→ S. 15) und wurde von Starkoch Ferrán Adriá als Pendant zu seinem El Bulli in Katalonien gegründet. Hier in Sevilla leitet die Küche des Meisters sein Schüler Rafael Morales. 15 km von Sevilla entfernt, aber zur großen Schwester El Bulli reisen Gourmets aus der ganzen Welt an. Und offenbar gelingt das nun auch in Sevilla. C. Virgen de las Nieves s/n, Sanlúcar La Mayor (15 km westl.); Tel. 955 70 33 44; www.elbullihotel.com; nur abends geöffnet, So, Mo und 7. Jan.–7. Feb. geschl. ●●●●

Stilvoller Speiseraum des Nobelrestaurants La Alquería im Vorort Sanlúcar la Mayor.

Essen und Trinken

Egaña Oriza ⸺⟶ S. 118, A/B 21
Sevillas Baske und die Adresse für Gourmets. Die Zwanzigerjahre-Eleganz ist ein weiterer Pluspunkt. Vom Aperitif an der Theke über Fisch mit Safrancreme bis hin zum Waldfrüchtedessert – alles ein Genuss. Gutes Essen bleibt in Spanien ein Grundrecht, daher der Menüpreis unter 42 €.
C. San Fernando, 41; Tel. 954 22 72 11 und 954 22 72 54; www.restauranteoriza.com; Sa mittags, So und Aug. geschl.
●●●●

Taberna del Alabardero
⸺⟶ S. 113, D/E 11
Elegantes Hotel mit Restaurant und Bar in einem Altbau des 19. Jh. Hier lebte und starb der Dichter J. Antonio Cavestany. Sitz der Hotelfachschule, deren Abgänger hier ihre Praktika absolvieren. Dies erklärt, dass trotz vorzüglicher Küche und Bedienung die Preise mehr als angemessen sind. Innovative Kochkunst, spanische und andalusische Gerichte, mittags preiswertes Menü. Äußerst gute Tapas.
C. Zaragoza, 20; Tel. 954 50 27 21; www.tabernadelalabardero.com; tgl. 13–16.30 und 21–24 Uhr, Aug. geschl.
●●●●

RESTAURANTS ●●●
La Albahaca ⸺⟶ S. 114, B 16
Allein das andalusische Ambiente dieses Altstadt-Restaurants mit Terrasse und Blick auf einen der schönsten Plätze der Stadt lohnt den Besuch. Niveauvolle internationale Küche.
Plaza de Santa Cruz, 12; Tel. 954 22 07 14; So geschl. ●●●

Becerrita ⸺⟶ S. 115, D 14
Fisch und Fleisch auf den Punkt zubereitet: Das ist der Ruf dieser Lokalität, die hungrige Politiker, Unternehmer, Künstler und Gourmets in das andalusische Ambiente lockt. Darüber hinaus wagt man Kreatives.
C. Recadero, 9; Tel. 954 41 20 57; www.becerrita.com; So abends und 10. Aug.–30. Aug. geschl. ●●●

Trocken muss er sein, mit fruchtigem Geschmack, der Manzanilla aus Sanlúcar.

Porta Coeli
⸺⟶ Umschlagkarte hinten, d4
Auch mit seinem neuen Namen bietet das vormalige Florencia Autorenküche, die ihm eine Vorrangstellung unter den Restaurants der Stadt sichert. Chefkoch Juan Martín Ruiz bringt auch solche Gourmets ins Schwelgen, die auf die französische Küche schwören.
Avda. Eduardo Dato, 49; Tel. 954 84 53 00; www.hesperia-sevilla.com; tgl. 13.30–16 und 21–24 Uhr, Ende Juli/Aug. geschl.
●●●

RESTAURANTS ●●
Casa Chema ⸺⟶ S. 112, B 12
Gemütliches kleines Restaurant in Triana. Spezialität: Auberginen mit Sardellensauce oder auch die gefüllten Kürbisse. Preiswertes Mittagsmenü, abends reservieren.
C. San Jorge, 6; Tel. 954 33 61 77; So im Juli, Aug. geschl. ●●

El Espigón I und El Espigón II
⸺⟶ Umschlagkarte hinten, cd 5 und d 4
Beste »materia prima«: Fisch und Meeresfrüchte kommen täglich aus Huelva samt passendem Wein aus Bolullos. An der Theke dicht gedrängt: Sevillaner und Geschäftsleute.

www.elespigon.com; C. Bogotá, 1; Tel. 954 23 92 56; So geschl. ●● bzw. C. Felipe II, 28; Tel. 954 23 93 16; Mo geschl., Reservieren! ●●

El Rey Moro ···≻ S. 114, B 16
Getreu dem Grundsatz »Mens sana in corpore sano« gehört in Sevilla ein gutes Restaurant heute in ein anständiges Hotel. Beides bietet das El Rey Moro, das zur bewährten mediterran-modernen Speisekarte ein wunderschönes kleines Hotel mit lauschigem Innenhof aufbietet.
C. Reinoso, 8; Tel. 954 56 34 68 und 954 56 09 43, Fax 954 22 74 54; www.elreymoro.com; tgl. geöffnet ●●

La Sopa Boba ···≻ S. 112, B 9
Mediterrane Küche mit einer gewissen Raffinesse, doch ohne Allüren. Samstags und sonntags von 15 bis 17 Uhr Unterhaltung für Kinder, damit man in Ruhe die Sobremesa verbringen kann. Hat jetzt auch einen feinen Tapa-Ableger an der Alameda.
C. Torneo, 85; Tel. 954 37 97 84; www.lasopaboba.net; So abends und Mo geschl. ●●

Das La Campana mit Rokoko-Interieur ist ein Klassiker unter den Cafés von Sevilla. Die feinen Süßwaren sind stadtbekannt.

Cafés, Café-Bars, Chocolaterías

In den heißen Sommermonaten ist die valencianische Erdmandelmilch »horchata de chufa« ein Genuss. Erfrischend sind auch die »granizados de limón« oder »de naranja« (Zitronen- oder Orangensaft mit zermahlenem Eis). Cafés, die wirklich nur als Café dienen, gibt es in Sevilla kaum. Fast alle sind zugleich Bar und selten »elegant«. Man trinkt seinen Kaffee eben in der Bar, bevorzugt im Stehen und inmitten plaudernder Gäste. Um 10 Uhr verwandeln sich Theken und Tische in den Bars und auf den Terrassen in Frühstücksoasen, wo »tostadas con mantequilla y mermelada« (Toast mit Butter und Marmelade) mit Milchkaffee oder »churros« (Brandteig) mit heißer, dickflüssiger Schokolade verzehrt werden. Andalusiens Kaffee ist ebenso gut wie stark, da er meist mit Kakao geröstet (»torrefacto«) wird.

Bar Manolo Alfalfa ···≻ S. 114, A 14
Wer gern »churros« isst, sollte hier an einem Sonntagmorgen frühstücken, wenn auf der Plaza de la Alfalfa Tiermarkt ist, oder auch an einem ruhigeren Wochentag. Die frischen »churros« kauft man in der Churrería nebenan. Die Theke ist dicht umlagert von schwatzenden Sevillanos.
Plaza de la Alfalfa, 3; tgl. 7.30 Uhr bis in die Nacht

Café de Indias
Sevillas Beitrag zum Coffee-Shop-Zeitalter. Anders als andere Ketten passend zur Stadt und ihrer Geschichte.
Avda. de la Constitución, 10 (···≻ S. 113, F 11) und Plaza de la Encarnación, 30 (···≻ S. 114, A 1); www.cafedeindias.com; tgl. 8–24, Wochenende bis 1 Uhr

Emperador Trajano ···≻ S. 113, E 9
Modernes, helles und bei Hitze angenehm kühles Café nahe der Alameda. Reichhaltiges Frühstück, selbst gebackene Brote. Kreative Tapas, preiswerte Mittagsmenüs.
C. Trajano, 10; tgl. 8–24 Uhr

Essen und Trinken

Europa ⤑ S. 114, A 14
Direkt an der Ecke der Plaza del Salvador gelegen, eignet sich diese 1925 gegründete, in sevillanischem Stil gehaltene Café-Bar zu einem ruhigen Frühstück auf der Terrasse oder zu einer Pause bei frisch gepresstem Organgensaft. Tapas-Theke, sehr sauber.
C. Siete Revueltas, 35; tgl. 8–24 Uhr

Laredo ⤑ S. 113, F 10
Traditionsreiches Café genau dort, wo einem vor oder nach dem anstrengenden Einkaufsbummel oder der Besichtigungstour im Zentrum der Sinn nach einem Café, einer kühlen Granizada oder einer heißen Schokolade mit Blick auf die Giralda steht.
C. Sierpes, 1; tgl. 7–22 Uhr

Maestranza ⤑ S. 113, E 12
Nahe der Oper treffen sich hier Musiker zum »cortado«, einem Glas Bier oder Wein und hauseigenen Snacks. Tipp: Nudelsalat mit Roquefort oder der Käsekuchen mit Brombeeren.
C. Dos de Mayo, 28; tgl. 16–24 Uhr, am Wochenende bis tief in die Nacht

Café-Konditoreien

La Campana ⤑ S. 113, F 10
Seit Jahrzehnten ist die Konditorei La Campana einer der typischen Treffs vor dem Einkaufsbummel oder sonntags zum Frühstück. Hohe Glasfenster, hübsche Einrichtung mit Marmorsäulen und Azulejos, angenehme Terrasse. Die Preise auf der Terrasse sind überhöht, das Frühstück mäßig, die Kuchen- und Eisauswahl dagegen gut.
C. Sierpes, 1–3; tgl. 8–23 Uhr

Confiterías Ochoa
Diese Konditoreien gehören zu den traditionellsten Confiterías, die Sevilla zu bieten hat. Die Kuchen-, Eis- und Milchmixauswahl ist in der Tat gut, man zahlt aber auch den Namen.
C. Sierpes, 45 (⤑ S. 113, F 10); Avda. de República Argentina, 21 (⤑ S. 114, A 1); C. Virgen de Luján, 22 (⤑ S. 117, D 20); Mo–Sa 9–21 Uhr, So geschl.

MERIAN-Tipp

 El Torno – Dulces de Convento

Gegenüber der Kathedrale kann man in diesem unscheinbaren Laden ausgezeichnetes, wenn auch nicht preiswertes Backwerk und Marmeladen erstehen. Alle Produkte werden in Klöstern der Stadt hergestellt. Hervorragend die »pestiños« (Fettgebäck) oder das Orangen- und Zitronen-Schmalzgebäck mit Mandeln (»almendrados de naranja« bzw. »de limón«).

Plaza del Cabildo; tgl. 10–14, 17–20 Uhr
⤑ S. 113, E/F 12

Cervecerías

Kühles, frisch gezapftes Bier hat längst das heiße Andalusien erobert und wird mehr getrunken als Wein. Die auf Bier spezialisierten Cervecerías öffnen meist von 12–16 und 20–24 Uhr. Gewöhnlich wird Bier als »caña« (0,2 l) serviert. Águila, San Miguel, Mahou, Cruzcampo sind – wichtig bei der Hitze – eher leichte Biere.

Cervecería internacional
⤑ S. 113, E 11
Im Zentrum Sevillas, mit 15 frisch gezapften und über 200 Flaschenbieren. Stadtbekannt. Als Tapas u. a.: »fabada« (asturischer Bohneneintopf) und Kichererbsen mit »bacalao« (Fisch).
C. Gamazo, 3; www.cerveceriainternacional.com; Mo–Sa 12–16 und 20–24 Uhr, So geschl.

Cervecería Ruiz, Casa Cuesta
⤑ S. 112, B 12
Eine der ältesten und typischsten Bars Trianas. Rustikal-andalusischer Stil und sehr gute Tapas.
C. Castilla, 3–5; www.casacuesta.net; tgl. ab 8 Uhr geöffnet

El Copo ⤑ S. 113, D 11
Erste Anlaufstelle nahe der Stierkampfarena für frittierten Fisch und Gam-

bas. Tapeo an der Bar oder sitzend im Speisesaal – bei entsprechendem Wetter auch draußen auf der Terrasse.
C. Almansa, 15; tgl. 12–17 und 20–24 Uhr

Eisdielen

Caffè Diletto ⇢ S. 113, D 10
Modernes italienisches Eiscafé mit Terrasse, innen geräumig und kühl, ideal für den Nachmittagskaffee. Besonders lecker der »café bombón«, eine weiß-schwarze Mixtur aus süßer Büchsenmilch und starkem Kaffee. Gutes Eis, auch für Diabetiker, Torten und Tiramisu. Junges Publikum.
San Pablo, 41; tgl. 8–24, Fr, Sa bis 2 Uhr

Rayas ⇢ S. 114, A 14
Mit Abstand die beste Eisdiele der Stadt mit über 40 hausgemachten Eissorten. Mit ein wenig Glück ist ein Platz auf der winzigen Terrasse frei.
Plaza de San Pedro, Ecke Almirante Apodaca

Freidurías (Fischbratereien)

Normalerweise bekommt man in einer Freiduría frisch frittierten Fisch und Meeresfrüchte in einer Papptüte in die Hand gedrückt und verspeist sie in der Bar nebenan, die mit der Freiduría zusammenarbeitet. Inzwischen haben viele Freidurías eigene Terrassen, und nicht jede beliebige Bar akzeptiert Kunden mit einer Tüte »pescaitos fritos« im Arm! Angeboten werden – in guten Freidurías frisch und nicht tiefgekühlt – Tintenfischringe, Sardellen (»boquerones«), Scholle oder Fischeier. Oft werden in der Freiduría auch »churros« verkauft: leckeres, frittiertes Brandteiggebäck.

La Isla ⇢ S. 113, E 12
Gilt als beste Fischbraterei Sevillas, auch die »churros« sind ein Gedicht. Arbeitet mit der Kneipe Morales zusammen, eine mit Weinfässern dekorierte Bodega, die Weine aus eigener Herstellung anbietet; etwas heruntergekommen (Toiletten besser meiden).
C. García Vinuesa, 11; tgl. 14–17, 20–23 Uhr

Internetcafés

Cibercafés gibt es in Sevilla inzwischen wie Sand am Meer, und wie Spuren im Sand verschwinden sie auch wieder. Hier eine Auswahl, die sich gehalten hat:

Alfalfa 10 ⇢ S. 114, A 14
Szenecafé, mit gutem Wein und Tapas. Wenige Terminals, aber mit perfektem Standard.
Plaza de la Alfalfa, 10; ganztägig bis zum frühen Morgen

Cybercafé Torínet ⇢ S. 109, D 3
Zweckmäßig eingerichtet und mit gesalzenen Preisen (4 €).
C. Torneo, 35; tgl. 10–14 und 17 Uhr bis in die Nacht, So morgens und Mo geschl.

Workcenter ⇢ S. 117, F 17
Südlich der Altstadt, wenn man mehr zu tun hat als einfach nur kurz zu chatten.
C. San Fernando, 1 (Puerta Jerez); www.workcenter.es; Mo–Fr 7–23, Sa, So 10–14 und 16–21 Uhr

---

> **MERIAN-Tipp**
>
> **③ Nach Großmutters Art andalusisch essen**
>
> In familiärer Atmosphäre, dazu preiswert und gut, kann man im **Los Munditos** speisen. In einer Seitenstraße, weitab vom Touristenrummel, zaubert die beleibte, freundliche »Concha« hervorragende Eintöpfe, Fischgerichte, Kichererbsen mit Spinat, im Sommer »gazpacho« und Salate. Alternatives Publikum, auch Gays, junge Leute und Familien aus dem Viertel. Jeden Mittag außer So bis zu sechs verschiedene Menüs.
>
> C. Carlos Cañal, 40; Tel. 954 22 67 43; im Sommer Mo–Sa nur mittags, im Winter von Do–Sa auch abends geöffnet (keine festgelegten Öffnungszeiten) •
> ⇢ S. 113, D 11

Essen und Trinken

Kaffee, Frühstück, Aperitif oder Tapas genießt man in den zahlreichen Bars von Sevilla – hier in der Bodega Dos de Mayo – meist im Stehen und in entspannter Atmosphäre.

TAPAS-BARS, BODEGAS UND TABERNAS
An der Theke beginnt die große Freiheit. Mit Servietten und Olivenkernen übersäte Fußböden sind den Sevillanern ein Stück Lebensqualität und deutliches Zeichen dafür, dass hier »marcha«, »diversión« und gute Tapas geboten sind. Nicht meckern, mitessen heißt die Regel, wer in Sevilla »de tapas« gehen will. Statt der Tapas kann man »raciones« bestellen: sozusagen die Tapa als Tellergericht. Dazwischen liegt die »media ración«, ein Mittelding zum Durchkosten der zahllosen andalusischen Spezialitäten oder Designer-Tapas, die auch Gourmets an die Tresen locken.

Wenn nicht anders angegeben, entsprechen die Öffnungszeiten denen der Restaurants, oft ist eine Tapas-Bar zugleich Restaurant. Viele Bars öffnen um 8 Uhr und bieten bis 11 Uhr Frühstück an. Preiswerte Tapas kosten 1,50 €, teurere bis 3 €. Die Kleinigkeit zu »caña« oder »copa« ist oft gratis. Der traditionelle Unterschied zwischen **Taberna** und **Bodega** hat sich heute längst verwässert. Einfache Schenke oder gepflegtere Kellerei? Es gibt längst manche äußerst raffinierte Taberna, und Bodegas geben sich gerne auch bodenständig.

La Albariza ⟶ S. 112, C 12
Rustikales jerezanisches Taberna-Ambiente mit guten Manzanillas zu einer einfachen Auswahl an Käse, »ibéricos« und »camarones« (Garnelen).
C. Betis, 6; Tel. 954 33 20 16

Bodega de Díaz Salazar
⟶ S. 113, E 12
Leckere Tapas, speziell die vom Iberischen Schwein, frisch zubereitet oder luftgetrocknet. Dazu feine Weine, und auch die Atmosphäre stimmt.
C. García de Vinuesa, 20; Tel. 954 21 31 81; So abends geschl.

Bodega Dos de Mayo ⟶ S. 113, E 9
Groß und trotzdem immer voll, eine gute Sevillaner Tapa-Bar also. Das Warten auf einen Tisch verkürzen köstliche »viandas«.
Plaza de la Gavidia, 7; Tel. 954 90 40 63; tgl. 12.30–16 und 19–24 Uhr

Essen und Trinken

Casa Modesto ⇢ S. 114, B/C 16
Schön gelegenes, populäres Restaurant mit Terrasse direkt neben den Murillo-Gärten. An der Theke im Erdgeschoss hervorragende Tapas und »raciones« rund um den Fisch.
Caño y Cueto, 5; tgl. ab 8 Uhr morgens

Casa Ruperto ⇢ S. 116, westl. A 18
In dieser etwas abgelegenen Bar am Rand von Triana genießt man hervorragende »codornices« (Wachteln).
Avda. Santa Cecilia, 2; Tel. 954 08 66 94; Fr geschl.

Ecobar Gaia ⇢ S. 112, C 10
Die Vegano-Bar gehört zu einem Zentrum mit entsprechendem Angebot, bei dem kein Chakra trocken bleibt. Leckeres Tapa-Sortiment, garantiert ohne Tortilla und »rabo de toro«.
C. Luis de Vargas, 4; Tel. 954 21 19 34; www.gaiaecosalud.com; So, Fei und im Aug. geschl.

Entrecárceles ⇢ S. 113, F 11
1894 eröffnete Taberna, die einst zwischen den zwei Gefängnissen der Calle Sierpes lag. Kleines, von jungen Leuten besuchtes Lokal voller Stierkampfplakate.
C. Faisanes, 1; Tel. 954 22 38 90

El Giraldillo ⇢ S. 114, A 16
Mitten in der Altstadt, gegenüber der Kathedrale. Restaurant und eine der berühmtesten Tapas-Bars, fast schon eine Sehenswürdigkeit. Die Tapas gehören zu den besten in Sevilla.
Plaza Virgen de los Reyes, 2; Tel. 954 21 45 25; tgl. 12–24 Uhr

Las Golondrinas ⇢ S. 112, B 12
Schmackhafte »chuletitas« (Schweinekoteletts) sind die Spezialität dieses Klassikers in Trianas Töpferviertel.
C. Antillano Campos, 26; Tel. 954 33 16 26; tgl. 13–16.30 und 20–0.30 Uhr

Kiosko de las Flores ⇢ S. 112, C 12
Die frittierten oder marinierten Fischchen gelten als die besten der Stadt.
C. Betis, s/n (gegenüber Nr. 55); Di–So 11–16, 19–24 Uhr, Mo geschl.

El Rinconcillo ⇢ S. 114, B 13
Eine Reliquie unter den Tapas-Bars, 1670 eröffnet und bis heute beliebter Treffpunkt mit typischer Einrichtung aus Stuck und Kunstkacheln. Zum kulturgeschichtlichen Genuss: Kichererbsen mit Spinat oder Kabeljau in Tomatensauce. Auch Menüs.
C. Gerona, 40; Tel. 954 22 31 83; tgl. 12–1 Uhr

Salomón ⇢ S. 116, A 18
Vor oder nach dem Abstecher zur Casa Ruperto (→ S. 26) genießt man hier gefüllte »alcachofas« (Artischocken) und »patatas bravas«.
C. López de Gomara, 11; Tel. 954 33 35 21

Taberna la Goleta ⇢ S. 114, A 16
Insidertipp. Obwohl die Bar in der touristenreichen Mateos Gago liegt, ist sie unscheinbar und wird ausschließlich von sevillanischen Stammgästen frequentiert. Der Besitzer, »Alvarito«, Sohn des Flamencosängers Pepe Peregil, hat sich mangels guter Stimme seiner Bar gewidmet.
C. Mateos Gago, 20; Tel. 954 21 89 66

Las Teresas ⇢ S. 114, B 16
In diese fast als Antiquität gehandelte Bar im Barrio de Santa Cruz haben einst Mario Vargas Llosa und Präsident Kennedy hereingeschaut, wie Fotos an der Wand belegen. Neben Promis auch viele Sevillanos und Geschäftsleute. Unbedingt probieren: Luftgetrockneter Schinken aus Jabugo. Vor der Toilette sei jedoch gewarnt.
C. de Santa Teresa, 2; Tel. 954 21 30 69; tgl. 10–16 und 18–24 Uhr

Casa Moreno ⇢ S. 113, E 11
In dem Lebensmittellädchen werden exzellente Tapas angeboten. Auch die Sandwiches sind lecker. Insidertipp.
C. Gamazo, 7; Tel. 954 22 83 15; Mo–Fr 8–15.30 und 17–22.30, Sa 9–15.30 Uhr, So, Fei geschl.

MERIAN *live!*-QUIZ

GEWINNSPIEL: Monat für Monat eine Reise und weitere attraktive Preise zu gewinnen!

Um wen, was oder welchen Ort geht es hier?

» Vielleicht wurde Columbus zweimal in Sevillas Kathedrale beigesetzt. Ruhelos segelten die Gebeine des Entdeckers erneut über den Atlantik. Sein Sohn ließ sie 1542 (36 Jahre nach seinem Tod) nach Santo Domingo bringen. 1795 umgebettet nach Havanna, kamen sie 1898 zurück nach Sevilla – wenn sie es denn noch sind.

Ein Entdecker war auch der Gesuchte: Auf dem Kontinent des Sehens eroberte er neue Blickwinkel. In Sevilla geboren, lernte er dort seine Kunst im Alter von zehn, umfassende Bildung inklusive. Mit 19 heiratete er die Tochter seines Lehrers, sicher nicht nur der Mitgift wegen.

Sein Können gefiel dem König, er holte ihn nach Madrid. Als am Hofe der flämische Superstar weilte, durfte der Gesuchte ihn kollegial herumführen. Bald stand er dem Flamen nicht mehr nach. Narren, Zwerge, Wasserträger: Er erfand irritierende Szenarien – wie sein berühmtestes Werk (Königsfamilie), das gar die Kunst selbst als Thema ins Bild rückte. Oder wie jener geniale Rückenakt der Venus mit gespiegeltem Gesicht.

Eitel wollte er einem elitären Ritterorden beitreten. Dazu musste er von Adel sein (war er seitens der Mutter), durfte aber kein Handwerk ausüben (als solches galt sein Metier in Spanien). So trieb er seine Kunst raffinierter voran, als je ein Handwerker es könnte. Kaum war er Ritter, starb er mit 61 in Madrid. Dort befinden sich viele seiner Werke, andere in aller Welt, auch in Sevilla. Echter als Columbus' Knochen sind sie allemal. «

FELIX WOERTHER

Wenn Sie die Lösung wissen, besuchen Sie uns doch im Internet unter **www.merian.de/quiz** oder senden Sie uns eine E-Mail an **quiz@travel-house-media.de**
Unter den Einsendern verlosen wir Monat für Monat attraktive Preise. Viel Glück!

presented by

Einkaufen

Mode, alte Kachelkunst oder neue Musik findet man hier in den attraktivsten Geschäften Tür an Tür.

Wer die passenden Accessoires für die zahlreichen traditionellen Feste Sevillas sucht – etwa einen Bolero –, wird in der Calle Sierpes (→ S. 56), der Haupteinkaufsstraße und Bummelzone der Stadt, gewiss fündig werden.

Einkaufen

In Sevilla kann man mehr als nur »mantones de Manilla« (Umhängetücher), »habanicos« oder Hüte kaufen. Zwar sind Madrid und Barcelona, ja sogar Granada, Valencia und Bilbao in Sachen Zeitgeist und Mode ein bis zwei Schritte weiter als Sevilla, doch auch die »Prinzessin der Städte« präsentiert sich heute als moderne und exquisite Einkaufsstadt. Das sollte man nicht vergessen, bevor man sich in der Welt des Traditionellen und Althergebrachten, Kitschigen und Bunten verliert. Doch gerade zwischen den Einkaufsstraßen Sierpes, Tetuán und der Plaza Nueva durchdringen sich altes und neues Einkaufs-Sevilla.

Für Modefans ist der Einkauf in Sevilla ein Vergnügen, durchaus auch bei den Preisen. Seit den Achtzigerjahren steht Spaniens **Modebranche** vor der Aufgabe, ein anspruchsvolles Publikum mit deutlich niedrigerem Durchschnittseinkommen als in Mitteleuropa zu bekleiden. Konzepte wie das der Modemarken Zara oder Mango finden längst auch in Berlin und München, Paris und London Beachtung. Daneben gibt es Designer mit Niveau, wie etwa das Nobellabel Loewe oder den Galicier Adolfo Domínguez, die sevillanischen Modemacher wie Tony Benítez, Marisa Martínez und Victorio & Lucchino nicht zu vergessen.

Azulejos, bemalte und gebrannte Keramikkacheln, werden vor allem in den Vierteln Triana und La Cartuja hergestellt. Die Azulejos, deutlich maurisch inspiriert, dienen bis heute dazu, neue Bars zu dekorieren. Man begegnet ihnen auch als Straßenschilder, in malerischen Patios oder einfach nur als Haustürschild. Dabei hat Sevilla seit dem Barock einen eigenen, durchaus kitschigen Stil kreiert, der sich deutlich von den islamischen Vorbildern unterscheidet. Dekorative Szenen hier, dort hingegen klare geometrische Formen, die auf mathematische Weise die Größe Allahs preisen. Ursprünglicher als in Sevilla hat sich hingegen die maurische Kachelkunst von Al-Andalus in Granada erhalten.

Auch **Lederwaren** haben eine lange Tradition, besonders Pferdesättel und Reithosen, aber auch fein gearbeitete Gürtel lohnen einen Besuch der auf Leder spezialisierten Geschäfte.

Was **Backwerk** angeht, sollte man abgesehen von den erwähnten Konditoreien einen Abstecher in die Klöster Santa Clara, San Leandro oder Santa Inés machen, wo die köstlichen typischen Leckereien angeboten werden.

Bei Sevillas Hitze kein Wunder: Die **Siesta** wird bei den Ladenschlusszeiten respektiert. Die Geschäfte öffnen in der Regel von 9.30 bis 13.30 und 17 bis 20 Uhr, jeweils plus/minus eine Stunde. Dabei hat natürlich längst die Klimaanlage in Sevilla Einzug gehalten, so dass man sich im Sommer beim Einkaufsbummel von rettendem Geschäft zu rettendem Geschäft durch die Stadt arbeiten kann. Kreditkarten werden an fast allen Orten als Zahlungsmittel akzeptiert, am weitesten verbreitet sind MasterCard und Visa.

MERIAN-Tipp

Flamencomusik, die ans Herz geht

Ihre erste CD, »La Cava de los Gitanos«, war aus dem Stand ein Verkaufsschlager. Vielleicht auch, weil **Triana Pura** sich nicht um den gegenwärtigen Streit zwischen Puristen und Fusionisten kümmert: sechs ältere und vergnügte Herrschaften, die Bulerías und Tangos, Sevillanas und Chuflillas aus ganzem Herzen singen, schlagen und zelebrieren. Bei der zweiten CD, »De Triana al Cielo«, bestätigte sich das Rezept: Flamenco in seinen einfachsten Formen, voll Hintersinn, Humor und Klage – doch kein folkloristischer Kitsch.

Edición Flamenco & Duende, in allen Plattengeschäften.

Einkaufen

Im Triana-Viertel finden sich die meisten Keramik- und Handwerksgeschäfte. Für originale Azulejos muss man allerdings auch hier tief in die Tasche greifen.

Antiquitäten

Antigüedades Lola Ortega ⇢ S. 113, E/F 12
Puppen, Fächer, »mantones« und »mantillas« mit antiquarischem Wert.
Plaza del Cabildo, Casa D

Félix e Hijo ⇢ S. 113, F 12
Spezialisiert auf den Handel mit archäologischen Fundstücken.
Avda. de la Constitución, 20

Segundo ⇢ S. 113, F 11
Drei Ebenen, ganz den Antiquitäten gewidmet. Hier können Liebhaber in aller Ruhe nach Schnäppchen suchen.
C. Sierpes, 89

Buchläden

Baena ⇢ S. 110, A 8
Bücher und vor allem Comics aller Art aus zweiter Hand.
C. Feria, 26

Beta
Aus einer kleinen, 1975 gegründeten Bücherei ist heute eine Kette großer Buchgeschäfte überall in Sevilla geworden. Die schönste Filiale ist der Neuzugang im einstigen Teatro Imperial in der Calle Sierpes – und die Sevillanos sind froh, dass hier keine Burger-Kette eingezogen ist.
Avenida de la Constitución, 27 ⇢ S. 117, F 17
C. Sagasta, 16 ⇢ S. 113, F 10
C. Sierpes, 25 ⇢ S. 113, F 10

San Pablo ⇢ S. 113, F 10
Religiöse Bücher, Musik, Fim-DVDs.
C. Sierpes, 57

Flamencokostüme

Ángeles Berral ⇢ S. 113, F 11
Die Designerin ist bekannt dafür, farblich und in Sachen Schnitt und Stoffe bei Flamencokleidern neue Akzente zu setzen. »Trajes«, in denen sie garantiert auffällt. Dazu natürlich Accessoires wie »mantones«, Haarkämme und Silberschmuck.
Calle Francos, 16

Ángeles Méndez ⇢ S. 114, A 14
Reiche Auswahl an Flamencokleidern und traditionellen Anzügen für Caballeros aus eigener Werkstatt sowie spezialisierte Marken.
C. Alcaicería de la Losa, 24;
www.modaflamenca.com

Lina ⇢ S. 113, F 10
Lina und Tochter Rocío entwerfen Kostüme von ausgesprochener Eleganz. Zu den Kunden gehören viele Künstler.
C. Lineros, 17 und C. Sagasta, 20

Geschenke

»Mantones de Manilla«, die traditionellen bestickten Umhängetücher, die ihren Ursprung auf der einst spanischen Kolonie der Philippinen haben, bekommt man in vielen Geschäften in der belebten Einkaufsstraße Calle Sierpes und außerdem bei folgenden Adressen:

Einkaufen 31

Artesanía Textil
Ganz den Decken, Umhängetüchern und Lederwaren gewidmet.
C. García Vinuesa, 33 ⇢ S. 113, E 12
C. Sierpes, 70 ⇢ S. 113, F 10
www.artesania-textil.com

Feliciano Foronda
Handgemachte Decken und Mantones.
C. Alemanes, 9 ⇢ S. 113, F 11
C. Álvarez Quintero, 44 ⇢ S. 113, F 11
C. Sierpes, 67 ⇢ S. 113, F 10

Fächer (»hababnicos«)
Zadi
Seit dem Tod von Isabel Sahagún und der Schließung ihrer traditionsreichen Casa Rubio ist Zadi in Sevilla das eingeführteste Geschäft für spanische Fächer. Beim Bummel durch und rund um die Calle Sierpes findet man »habanicos« jedoch noch in zahlreichen anderen Läden.
C. Sierpes, 48 ⇢ S. 113, F 10
C. Tetuán, 5 ⇢ S. 113, E 11

Sonstiges
Agua de Sevilla
Statt Kölnischwasser nun Sevillanischwasser. Elegantes, nicht billiges Lädchen im Barrio de Santa Cruz. Parfums und exklusive Hüte.
C. San Fernando, 3 ⇢ S. 118, A 21
C. Rodrígo Caro, 16 ⇢ S. 114, A 16
Plaza Nueva, 9 ⇢ S. 113, E 11

Antigua Cerería del Salvado
⇢ S. 113, F 10
Prozessionen, Cofradías ... Was wären Sevillas und Andalusiens Traditionen ohne Kerzen! Die meisten stammen heute von industriellen Herstellern, doch hier findet man noch kunsthandwerkliche Kerzen in ihrer ganzen traditionellen Vielfalt.
Plaza del Salvador, 8

Escarabajo ⇢ S. 113, D 10
Breites Sortiment an Designerstücken. Darunter Schmuck von Jesús del Pozo, Tücher, Glasdesign, etc.
C. de San Eloy, 43

Pasión Cofrade Sevilla ⇢ S. 113, F 9
Die zahlreichen Prozessionen und die Vorliebe für barocke Kirchenpracht bereiten die Grundlage einer Vielzahl kunsthandwerklicher Zweige: »orfebrería« (Silberschmiede), Bildhauerei, Stickerei – um nur einige zu nennen. Eine schöne Ausstellung zu diesem Themenkreis mit einem angrenzenden Geschäft, in dem man von der silbernen Laterne bis zum kleinen Amulett alles bekommt, ist die Pasión Cofrade Sevilla. Weitere Läden finden sich beispielsweise in der Calle Jesús del Gran Poder.
Pasaje del Azahar, Local 37;
www.pasioncofrade.net

El Sombrero de Tres Picos
Wer einen Hut braucht, sei es im Stil von Humphrey Bogart oder eher zwecks Strandspaziergang, findet hier garantiert ein passendes Exemplar.
Plaza de Cuba, 8 ⇢ S. 117, D 18
C. Álvarez Quintero, 7 ⇢ S. 113, F 11

KERAMIK, KUNST UND KUNSTHANDWERK

Cerámica Santa Ana ⇢ S. 112, B 12
Geschäft mit eigener Werkstatt im Hintergrund, wo sevillanische Keramik hergestellt wird – von Kacheln bis zu Tellern, Krügen und Vasen.
San Jorge, 31 (Triana)

Mercado El Postigo ⇢ S. 113, E 12
Überdachter Markt mit andalusischem Kunsthandwerk: Keramik, Töpferei, Lederwaren, geblasenes Glas, Kunstpostkarten. Nicht zu verfehlendes Gebäude in der Calle Arfe.
Mo–Fr 10–14 und 17–20.30 Uhr, Sa vormittags, So und an Festtagen gelegentlich auch vormittags geöffnet

Populart ⇢ S. 114, A 16
Antike und auch einfach nur alte und gut erhaltene Stücke aus diversen Zweigen des Kunsthandwerks, vor allem jedoch Töpferei, Keramik und Steingut. Eine wirkliche Fundgrube.
Pasaje de Vila, 4

Wollen Sie sich mit einem Fächer Kühlung verschaffen wie die gepflegte andalusische Dame? Dieses Fachgeschäft in der Calle Sierpes hält eine riesige Auswahl bereit.

Sevillarte
Kunsthandwerkliche Souvenirs mit Qualität. Keramik, Email, Bronze und »mantones«.
Sierpes, 66 ---> S. 113, F 10
Gloria, 5 (weitere Eingänge in der C. Vida und der C. Pimienta) ---> S. 114, A 16
www.sevillarte.com

Taller de Alfarería Antonio Campos
---> S. 112, B 12
Kleine, freundliche Werkstatt, rustikal, mit überaus hübscher Keramik.
C. Alfarería, 22

KINDERMODE UND SPIELZEUG
Barreiro
Artikel speziell für Babies und Kleinkinder, auch Spielzeug verschiedener Hersteller.
C. Asunción, 42 ---> S. 117, D 19
C. San Jacinto, 16 ---> S. 112, B 12

Imaginarium
Eine Kette kunterbunter Spielwarengeschäfte. Für die Kleinen gibt es sogar altersgerechte Miniatureingänge.
C. Asunción, 38 ---> S. 117, D 19
C. San Eloy, 33 ---> S. 113, E 10
Tel. 902 21 42 15; www.imaginarium.es

Los columpios
Fachgeschäft für Kinderschuhe.
C. Cuna, 40 ---> S. 113, F 10
C. Puente y Pellón, 5 ---> S. 114, A 14
www.loscolumpios.com

Luna Lunera
Kette, die sich auf Möbel und Deko für Kinderzimmer spezialisiert hat. Originelles handgemachtes Spielzeug.
C. Sierpes, 86 ---> S. 113, F 11
C. de la Asunción, 10 ---> S. 117, D 18
www.lunalunera.com ---> S. 115, östl. F 15

LEBENSMITTEL UND DELIKATESSEN
Agustín Sánchez ---> S. 113, E 12
Kleines, aber feines Lebensmittelgeschäft mit großem Angebot.
C. Arfe, 12

El Bacalao ---> S. 113, F 10
Stockfisch in allen Variationen.
C. Cuna, 4

Einkaufen 33

Jamón Ibérico
Neulinge seien gewarnt: Jamón Ibérico de Bellota ist eine Delikatesse, was sich eindeutig auch im Preis widerspiegelt. Geschnitten rechne man mit 60 bis 110 € pro Kilo, am Stück mit 30 € aufwärts. Beste Qualität bekommt man bei **El Obrador**, in der Taberna del Alabardero (C. Zaragoza, 20, ⤑ S. 113, D 11) sowie in der Lebensmittelabteilung des Kaufhauses **El Corte Inglés** (Plaza del Duque de la Victoria, 8, ⤑ S. 113, E 9). Empfehlenswert und etwas günstiger ist **La Salmantina** (C. San Jacinto, 61, ⤑ S. 116, A 17), die auch eine Filiale in Sevillas »Jamón-Viertel« hat (C. Villegas Marmolejo, 4). Hier in der Gegend, wo die Sevillanos ihre lufttrocknete Delikatesse kaufen, findet man auch **Jamones Federico Flores** (Fernández de Ribera, 38) und **Sierra Mayor Jabugo, S.A.** (Avda. Eduardo Dato, 22).

La Flor de Toranzo ⤑ S. 113, E 11
In dieser für Sevilla und Spanien sehr typischen Mischung von Bar und Geschäft finden wir exquisite Ibéricos (Schinken und »chacinas« sowie Delikatessen in Dosen). Dazu eine Weinauswahl zum Träumen.
C. Jimios, 1 und 3

MÄRKTE
Alternativer Schmuck- und Kleidermarkt ⤑ S. 113, E 9–10
Jeden Donnerstag, Freitag und Samstag füllen sich die Plaza del Duque und Plaza de la Magdalena mit einer Reihe kleiner Stände, wo hippietypisches zum Verkauf steht.
Plaza del Duque und Plaza de la Magdalena

El Jueves ⤑ S. 110, A 7
Dieser bekannte Trödelmarkt ist der älteste der Stadt. Es gibt vor allem (meist wertlose) Antiquitäten, auch Kleidung. Normalerweise findet er donnerstagvormittags statt.
Calle Feria

Mercado Navideño de Artesanía
⤑ S. 113, E 11
Sevillas Kunsthandwerks-Weihnachtsmarkt ist derzeit einer der schönsten von ganz Spanien (es bleibt zu hoffen, dass in so mancher reizvollen spanischen Stadt der Plastik-Firlefanz von solchen Märkten verschwindet). Seit 2007 wieder auf der Plaza Nueva (mit »belenistas«/Krippen auf der angrenzenden Plaza de San Francisco).
Mitte Dez.–5. Jan., Plaza Nueva

Mercado de Triana ⤑ S. 112, B 12
Gemüse, Fisch und Fleisch. Nach jahrelangen Bauarbeiten ist der traditionsreiche Markt nun in sein Stammgebäude an der Brücke von Triana zurückgekehrt. Dazu gehört jetzt auch ein Kulturzentrum.
Plaza del Altozano, s/n

Sammlermarkt ⤑ S. 113, E/F 12
Ein eher beschaulicher Markt, wo Briefmarken, Steine, Geldmünzen, Tintenfässer und andere Objekte für Sammler angeboten werden.
Plaza del Cabildo; So vormittags

Tiermarkt ⤑ S. 114, A 14
Am Sonntagvormittag kann man hier zwischen Hunden, Katzen und Maus-, Vogel- oder Meerschweinchenkäfigen kaum einen Schritt vor den anderen setzen. Für Tierfreunde und vor allem für die Tiere selbst eher eine Quälerei.
Plaza de la Alfalfa

MODE UND SECONDHAND
Adolfo Domínguez
Galicischer Designer, der avantgardistische Mode bei Männern und Frauen gleichermaßen durchgesetzt hat.
C. Rioja, 1 ⤑ S. 113, E 10
C. Sierpes, 2–4 ⤑ S. 113, F 10
C. Asunción, 4 ⤑ S. 117, D 18

El Caballo
Andalusische Reitmode und Accessoires für sie und ihn, natürlich nicht nur zum Reiten. Vom grazilen Damenstiefel über die richtige Sonnenbrille

um an den Stränden von Cádiz den Pferderennen zuzusehen – bis hin zum runden grauen Hut, mit dem man in das Outfit eines andalusischen Landjunkers schlüpfen kann.

C. Antonia Díaz, 7 ⇢ S. 113, E 12
Plaza Nueva 12 ⇢ S. 113, E 11

Loewe
Der hispanoamerikanische Stardesigner Narciso Rodrígez hat der spanischen Edelmarke in den letzten Jahren ein neues Profil gegeben. Exquisites in Stoff und Leder. Auch Accessoires und Schuhe.

Plaza Nueva, 12 ⇢ S. 113, E 11
Hotel Alfonso XIII ⇢ S. 117, F 17
C. San Fernando, 2 ⇢ S. 117, F 17

Mango
Szeniges und Freches von der Stange.

C. Velázquez, 7 ⇢ S. 113, E 10
C. Asunción, 30 ⇢ S. 117, D 19
Plaza de Armas, 7 ⇢ S. 112, C 10

Massimo Dutti ⇢ S. 113, E 10
Sowohl die Linie für Männer als auch die für Frauen besticht durch stilsicheren Schnitt, Qualität und günstige Preise. Ein Mode-Schlager in Spanien, der sich auch international einen Namen gemacht hat.

Centro Comercial Nervión; C. Velázquez, 12

Quasimoda ⇢ S. 109, F 4
Secondhandladen in der Nachbarschaft der Alameda de Hércules.

C. Amor de Dios, 43 B

Victorio & Lucchino
Die Namen des bekanntesten Modedesigner-Duos von Sevilla stehen längst für eine Marke von Weltruf. Außer dem Geschäft in der C. Sierpes präsentieren sich die beiden jetzt auch im Geburtshaus von Velázquez, einem alten Stadtpalais in der C. Padre Luis María Llop.

C. Sierpes, 87 ⇢ S. 113, F 10
C. Padre Luis María Llop s/n
(Atelier) ⇢ S. 114, A 14
Plaza Nueva, 10 ⇢ S. 113, E 11

Zara
Mode für Frauen, die sich gerne überraschen lassen, nur nicht beim Preis.

Im Einkaufszentrum ⇢ S. 114, A 14
Nervión
C. Puente y Pellón, 17 ⇢ S. 113, F 6

Musik und Instrumente

In den Musikabteilungen des **Corte Inglés**, der größten Kaufhauskette Spaniens, finden Interessierte so ziemlich alles.

Andrés Domínguez ⇢ S. 112, B 12
Alle Instrumente rund um den Flamenco, vom »duende« selbst gefertigt.

C. Covadonga, 9

Casa Damas
Beide Geschäfte verkaufen Gitarren eigener Herstellung sowie Platten und Bücher rund um den Flamenco.

C. Sierpes, 61 ⇢ S. 113, F 10
C. de la Asunción, 43 ⇢ S. 117, E 19

Musical Feria ⇢ S. 110, A 8
Gitarren und andere Instrumente.

C. Feria, 1 und 3

Schmuck

Hinter der Iglesia del Salvador gibt es eine ganze Reihe von Geschäften, die sich auf Silber- und Goldschmuck spezialisiert haben. Zahlreiche Juwelierläden findet man rund um die Plaza Ponce de León/Santa Catalina (⇢ S. 114, B 13). In Sevilla möchten wir in Sachen Schmuck jedoch vor allem eines empfehlen: Medaillons und Amulette. Denn wenn die aus dem frommen Sevilla nicht helfen – welche dann? Die meisten der einschlägigen Geschäfte fertigen auch den silbernen und goldenen Zierrat für die Prozessions-Pasos.

Die bekanntesten Werkstätten für solche »orfebrería« haben oftmals keine eigenen Geschäfte mit regelmäßigen Öffnungszeiten, doch man findet solche Läden beispielsweise in der Calle Sierpes (etwa **Ignacio**, C. Sierpes, 63 ⇢ S. 113, F 10), an der

Plaza de la Virgen Milagrosa in Triana, in der Calle de Jesús del Gran Poder, In der Cuesta del Rosario (→ Pasión Cofrade, S. 31).

SCHUHE UND LEDERWAREN
Casal ⟶ S. 113, F 10
Taschen und andere anspruchsvolle Artikel aus feinstem Leder.
C. Sierpes, 6 und 73

Paco Rodríguez ⟶ S. 113, F 10
Das Sortiment umfasst eine breite Auswahl an Schuhen und Taschen.
C. Sierpes, 37

Zapatillas Coral ⟶ S. 113, E 9
Für das richtige Auftreten: eines der führenden Geschäfte für Flamenco-Damenschuhe.
Plaza de la Gavidia, 9

Zapaterías Nicolás
Hier werden Sie und Er aller Altersgruppen fündig: Schuhe führender Marken und stets Ausgefallenes für den Damenfuß.
Avda La Constitucion, 14 ⟶ S. 113, F 11–12
C. Sierpes, 49 ⟶ S. 113, F 10
C. Tetuán, 6 ⟶ S. 113, E 10

WEIN
Las Delicias del Barrio
⟶ S. 114, A 16
Spezialisiert auf Weine und Olivenöl. Daneben eine ganze Reihe von typisch andalusischen Produkten.
C. Mateos Gago, 15

Tierra Nuestra ⟶ S. 116, B 19
Gutes Angebot an spanischen Weinen; mit Weinclub und Verkostungen.
C. Constancia, 41

ZEITUNGEN UND ZEITSCHRIFTEN
Dank der Urlauberströme findet man über die ganze Stadt verteilt Kioske mit internationaler Presse. Ein hervorragendes Angebot an Printmedien bietet die Kette **VIPS**, in deren Geschäften man außerdem Bücher, CDs und Geschenkartikel findet.

Internationale Presse
⟶ S. 109, nördl. F 1
Neben Zeitungen gibt es an der Estación de Córdoba auch Bars und Kinos.
Estación de Córdoba; bis 5 Uhr morgens

VIPS ⟶ S. 116, C 19
República Argentina, 23; Einkaufszentrum Nervión Plaza (bis 3 Uhr morgens)

Das renommierte Designerlabel Victorio & Lucchino hat in Sevilla seinen Ursprung.

Am Abend

Das Leben abends auf der Straße gehört zum Pulsschlag der Stadt wie die nachmittägliche Siesta.

Der Flamenco ist die Seele Andalusiens. Es gibt spezielle Flamencolokale wie die Casa Anselma (→ S. 39), doch bisweilen wird man auch Zeuge einer spontanen Improvisation.

Ausgehen, treffender noch: heraus auf die Straße gehen, »salir«. Abends, wenn die Sonne nicht mehr vom Himmel brennt und wenn vom Guadalquivir her eine leichte Brise über die Plazas weht: Ausgehen ist in Sevilla ein Muss. Den Abend unter Leuten zu verbringen gehört zum Pulsschlag von Sevilla und ist eine ganz natürliche Reaktion auf das Klima, das die Menschen geprägt hat.

Den abendlichen Auftakt macht bei den Sevillanos meist das **Kino**. Donnerstags, freitags bilden sich vor den Kassen der großen Filmzentren, der Programmkinos und der kleineren »Cines de barrio« lange Schlangen. Nicht erst seit Pedro Almodóvar mit dem »Golden Globe« und dem »Oscar« Furore macht, ist vor allem das spanische Kino beliebt. Wenn man ein Minimum an Spanischkenntnissen hat, sollte man sich unbedingt einen der innigen, oft amüsanten, fast immer anspruchsvollen Produktionen des spanischen Films ansehen – im Sommer am besten in einer Freilichtarena.

Doch das Kino ist nur der Anfang; oder das Theater, das Konzert, ein geselliges Abendessen, was auch immer man vorher unternimmt, danach geht es »a tomar algo«, hier ein Glas Manzanilla, dort ein Bier oder eine Tapa. Nachts verwandeln sich die **Bars** in Bienenstöcke, zunehmend auch im Sommer. Drinnen ist es voll, seit die Klimaanlage in Spaniens Süden die Lebensgewohnheiten umgekrempelt hat. Doch Haupttreffpunkt sind nach wie vor die Straßen, Plätze und die Promenaden über dem Guadalquivir.

Für die Reservierung von Konzert- und Theaterkarten zumindest der größeren Veranstaltungen und staatlichen Bühnen hat sich auch in Sevilla **ServiCaixa** durchgesetzt (902 33 22 11; www.servicaixa.es). Daneben gibt es noch den **El Corte Inglés** (www.elcorteingles.es, »entradas« im Hauptmenü) und das reduzierte, wegen der Rabatte interessante Angebot von **Sevilla Card** (www.sevillacard.es; → Stadtrundfahrten, S. 103).

Die meisten Bars und Treffs, in denen auch häufig Theatervorstellungen oder Livekonzerte steigen, liegen um die Plaza del Salvador, in der Gegend Reina Mercedes, rund um die Maestranza und in der Alameda. Die Alameda ist dafür bekannt, dass auch düstere Gestalten und Prostituierte anzutreffen sind. In den ganz heißen Sommernächten sucht man, vor und nach dem Tanz oder auch stattdessen, das Flussufer mit seinen Terrassen auf. Vor allem die Calle Betis mit ihren zahlreichen Bars quillt vor jungen und auch älteren Leuten über.

Die Bar als Zwischenstation

Vorbei sind auch die Zeiten, da in Sevilla ein Homosexueller ein »maricón« war: das Gespött der Straße und Protagonist in den meisten andalusischen Witzen. Die Gay-Szene hat heute ihren angestammten Platz im Nachtleben der Stadt, ohne Schranken und ohne Ghettos.

Flamenco ist längst nicht überall der Klang der Nacht. Und was überhaupt ist Flamenco? Um es herauszufinden, sollte man mehrmals in der »Carbonería« (→ MERIAN-Tipp, S. 39) vorbeischauen. Das Lokal sei »progre«, sagen die einen: progressiv; wirklich traditionell sei es, sagen die anderen. Flamenco liegt im Trend. Besonders der echte Flamenco, »cante«, der sich weder an den klischeesuchenden Tourismus verkauft noch an neue Musikstile. Flamenco ist – wie Jazz – eine improvisierte, lebendige Musik.

Welche **Diskotheken** besonders »in« sind, wechselt von Sommer zu Sommer, manchmal auch über Nacht. Vor Mitternacht trifft man hier niemanden, lebhaft wird es gegen 2, 3 Uhr morgens. Geöffnet sind ganz normale Discos bis in die Morgenstunden, manche sogar bis 11 Uhr. Deshalb gibt es in Sevilla im Gegensatz zu Madrid und Barcelona auch keine »Afterhours«.

Überraschende Perspektive: Die Giralda erhebt sich plötzlich am Ende einer Gasse.

In Bars und Pubs liegt der Preis der Biere zwischen 1 und 3 €. »Copas« sind in Sevilla weniger Kult als vielmehr »Treibstoff«, der in der Regel im »cubo« getankt wird: In das schmale Glas kommt Eis, bis zum dritten Würfel wird mit Brandy oder Wodka aufgefüllt; Cola, Casera oder Tónica drauf, und weg damit. In der Regel kostet der Drink um 5 €. Wo Diskotheken Eintritt verlangen, 3 bis 12 €, da gehört in aller Regel der Gutschein für die erste »copa« dazu.

Bars, Kneipen, Nachtlokale

Abades ·····> S. 114, A 15
Im Herzen des Stadtviertels Santa Cruz, in einem Stadtpalais des 12. Jh., liegt dieser Pub. Ausgewähltes Publikum, klassische Musik, manchmal kleine Solo- oder Kammerkonzerte in einer gemütlichen Umgebung mit Sofas, Kissen und einem pflanzenbewachsenen, verträumten Patio.
C. Abades, 13; tgl. 16 Uhr bis in die Nacht

El Barón Rampante ·····> S. 109, F 3
In-Musik und alternative Musik. Ein richtiger Bienenstock, gutes Ambiente. Treffpunkt auch von Gays.
Arias Montano, 3; tgl. 16 Uhr bis in die Morgenstunden

Café Central ·····> S. 109, F 3
In erster Linie Jugendliche, weshalb das Café auch schon am frühen Nachmittag verraucht, die Musik laut ist. Gelegentlich werden Ausstellungen und Konzerte veranstaltet.
C. Alameda de Hércules, 64; 12 Uhr bis in die Nacht

Café de la Prensa ·····> S. 112, C 12
Neben der Puente de Isabel II, von der Terrasse aus, hat man einen schönen Blick auf die Maestranza. Hier treffen sich nicht nur Journalisten, auch Intellektuelle und die, die es sein wollen.
C. Betis, 8; tgl. 18 Uhr bis in die Morgenstunden

Capote ·····> S. 112, C 12
Seit Jahren die Sommerterrasse Sevillas, ein absolutes Muss. Ideal gelegen und direkt am Fluss. Livemusik, Theatervorstellungen, Cocktailbar in leichter Sommernachtsbrise.
El Barranco (neben dem Puente de Isabel II); tgl. 11 Uhr bis tief in die Nacht

Corral de Esquivel ·····> S. 109, F 3
Tapas, Cocktails, Ausstellungen und für den Sommer obendrein eine angenehme Terrasse. Eine unvermeidliche Station an der Alameda.
C. Alameda de Hércules, 39; 19 Uhr bis in die Nacht

El Habanilla ·····> S. 109, F 4
Wenn es »alternative« Bars gibt, dann diese. Die Einrichtung schwankt zwischen arabischem Ambiente und verrauchtem kubanischen Café. An der Wand hängen hunderte Kaffeekannen. Kuriose Gestalten aus der Kunst-, Musik- und Theaterszene.
C. Alameda de Hércules, 63; tgl. ab 11 Uhr bis in die Nacht

Am Abend 39

El Latino ⟶ S. 112, A 10
Im Sommer ist die weitläufige Terrasse über dem Fluss ein beliebter Treff. An der Plaza Chapina direkt beim Puente del Cachorro – für eine erste Copa, oder die ganze Nacht ...
17 Uhr bis in die Morgenstunden

Las Niñas ⟶ S. 112, A 10
Bar mit Terrasse, die sich auf Flamencomusik spezialisiert hat. Das Publikum ist sehr gemischt.
Plaza Chapina, 7; 20 Uhr bis in die Nacht

La República ⟶ S. 109, F 3
Designerbar, Designercafé, Designerrestaurant – nicht dass man wegen der Speisekarte käme, doch die ist ganz gelegen, wenn man mit Freunden verweilt oder als Nutzer des WiFi-Bereichs Hunger bekommt.
C. Alameda de Hércules, 25; tgl. 10 Uhr bis in die Morgenstunden

DISKOTHEKEN, CLUBS UND LIVEMUSIK
Boss ⟶ S. 117, D 17–18
Die Calle Betis ist Trianas Meile der Bars und Cafés schlechthin. Doch wenn es ans Tanzen geht, dann ist diese Diskothek hier der Boss.
C. Betis, 67; www.discoteceboss.com; Mi–Sa 23–7 Uhr, So–Di sowie in den Sommerferien (Juli, Aug.) geschl.

Café Bauhaus ⟶ S. 112, C 10
Café im Bauhaus-Stil und Restaurant, das sich um Mitternacht in den führenden Techno-Club verwandelt. Terrasse für die sommerlichen Nächte.
C. Marqués de Paradas, 53; 12–4 Uhr; www.bauhauscafe.com

Fun Club ⟶ S. 109, F 3
Kein Türsteher, keine Etikette, gemischtes Publikum, moderate Preise: Hier treten die angesagten Bands der spanischen und der sevillanischen Rock-Szene auf, die DJs legen progressiv, aber abwechslungsreich auf.
C. Alameda de Hércules, 86; www.salafunclub.com; Do–Sa 21.20 Uhr bis zum Morgengrauen; 3 €

Sala Malandar ⟶ S. 109, D 3
Die Adresse für Live-Rockkonzerte in Sevilla. Top-Atmosphäre, beste Stimmung und vor allem Spitzenauftritte. Der Name ist Programm: Malandar ist eine Landzunge bei Sanlúcar de Barrameda im Guadalquivir-Delta, wo sich Fluss und Atlantik vermischen, Reisen enden und Reisen beginnen ...
C. Torneo, 43; www.malandar.net; Mi 0–6, Do–Sa 22–7, So 20–2 Uhr, Konzertbeginn 22 Uhr

FLAMENCOLOKALE
El Arenal ⟶ S. 113, E 12
Restaurant in einem Bauwerk aus dem 18. Jh., ganz im andalusischen Stil. Jeden Abend Flamencoshow – sprich: Sevillana. Teuer, aber niveauvoll.
C. Rodo, 7; www.tablaoelarenal.com; Tel. 954 21 64 92

Casa Anselma ⟶ S. 112, B 12
Ambiente Rociero, also genau so, wie man sich das durch die Marschen von Doñana pilgernde Sevilla vorstellt. Tapas, Gitarrenmusik, spontaner Gesang – und um Punkt 12 pflegt Anselma das Salve Rociera zu singen. Wenn sie dazu aufgelegt ist, werden um 2 Uhr zwar die Türen geschlossen, doch gehen muss niemand ...
C. Pagés del Corro, 49; 20 bis 1 Uhr, So geschl.

MERIAN-Tipp
 La Carbonería

Jeden Abend ab 23 Uhr kann man in dieser gut besuchten Bar mit Terrasse im Barrio de Santa Cruz bis spät in die Nacht Flamenco- oder Coplasängern zuhören, gelegentlich treten auch Jazz-, Blues- oder Rockgruppen auf. Wer sich einen guten Sitzplatz sichern möchte, sollte rechtzeitig da sein. Auch Kunstausstellungen, Konferenzen, kulturelle Events.

C. Levíes, 18; Tel. 954 21 44 60; tgl. 20 Uhr bis in die Nacht ⟶ S. 114, B 15

MERIAN-Tipp

6. Theatersaal und Café-Bar »El Cachorro«

Die alte Limonadenfabrik in Triana ist heute Sitz und Bühne der Escuela y Compañía Viento Sur Teatro. Ein wirklicher Geheimtipp für Liebhaber von kleinen, aber kreativen Theatergruppen, die in freundlich-alternativem Ambiente Musik- und Theaterstücke vorführen. Hübsch und künstlerisch gestaltet, mit Pflanzen und Patio, für lässige und nachlässige Bohemiens. Neben den üblichen Getränken werden auch Tee aus aller Welt sowie vegetarische Tapas angeboten.

C. Procurador, 19; Tel. 954 33 30 07 (ab 18 Uhr) und 619 77 80 55; www.salaelcachorro.com; Mo–Sa ab 18 Uhr bis in die Nacht, So geschl. ⇢ S. 112, A 11

Los Gallos ⇢ S. 114, B 16
Traditioneller Tablao. Genießt bei Flamencoliebhabern einen sehr guten Ruf. Der Eintrittspreis (18 €) gilt für die Show und ein Getränk.
Plaza de Santa Cruz; Tel. 954 22 85 22; tgl. 21 und 23.30 Uhr

Pies Plomo ⇢ S. 112, C 9
Eine echte Peña, in der sich Flamencokünstler und -kenner treffen. Hier kann man sich zugleich über Flamenco für Insider informieren, über Flamencounterricht etc.
C. Dársena, 22; Tel. 954 90 59 64

Freilichtkinos
Cine de Verano/Universidad de Sevilla ⇢ S. 109, nördl. F 1
Patio del Rectorado, C. San Fernando; Juni–Sept.

Kinos
Alameda Multicines ⇢ S. 109, F 4
Hier läuft, was »en cartelera« ist: spanische und ausländische Filme.
C. Alameda de Hércules, 9 und 10; Tel. 954 38 01 56

Avda. 5 Cines ⇢ S. 112, C 9
Das einzige Kino, in dessen fünf Kinosälen die Filme in Originalfassung mit Untertiteln gezeigt werden.
Marqués de Paradas, 15; Tel. 954 22 15 48

Cervantes ⇢ S. 109, F 4
Kleines Kino mit langer Tradition.
Amor de Dios, 33; Tel. 954 38 58 10

Lokale mit Jazzmusik
Viele Mitteleuropäer sind gewohnt, dass die Jazzlokale einer Stadt auch die potentiellen In-Lokale sind. Aktuell ist in Sevilla jedoch vor allem der echte Flamenco, wie in der »Carbonería« (→ MERIAN-Tipp, S. 39). Doch wer Jazz will, kann auch Jazz haben. Das Programm liefern die Zeitschrift »La Giraldilla« und die Tageszeitungen.

Naima Café Jazz ⇢ S. 109, F 4
Klein, gemütlich und regelmäßig wirklich hochrangige Liveauftritte.
C. Trajano, 47; Tel. 954 38 24 85; www.naimacafejazz.com; 12–3 Uhr

Theater, Oper und Konzerte
Apolo ⇢ S. 114, B 13
Sitz und Konzertsaal des Sinfonieorchesters von Sevilla.
C. Gerona, 25; Tel. 954 21 75 79

Auditorio Rocío Jurado ⇢ S. 108, B 3
Für die Expo '92 errichtet, ist das Auditorio nun Bühne für Orchesterkonzerte, Opern und Flamencobienale.
Camino de los Descubrimientos (jetzt Pasarela de la Cartuja) s/n (Isla de la Cartuja)

Centro Andaluz de Teatro ⇢ S. 110, B 7
Die Räumlichkeiten einer einstigen Jesuitenschule sind zum modernen Zentrum für Theaterfreunde umgestaltet worden. Neben festen Einrichtungen wie der Bibliothek auch Theatervorführungen und Theaterkurse.
C. San Luis, 37, Ecke Divina Pastora; Tel. 955 04 04 40

Am Abend 41

Im neobarocken Teatro Lope de Vega – benannt nach dem »Shakespeare Spaniens« – finden neben Theateraufführungen und Konzerten auch Flamencoevents statt.

Fundación Focus-Abengoa
⸺› S. 114, A 16

Auf Gerhard Grenzings Orgel, 1991 in Zusammenarbeit mit Kunsthandwerkern Sevillas gebaut, finden die renommiertesten Orgelkonzerte in der Kapelle des Hospital de los Venerables (→ S. 75) statt. Dazu kommen Konzerte weltbekannter Sinfonieorchester. Auftritte und Orgelvorführungen kann man der Web-Adresse der Stiftung entnehmen: www.focus.abengoa.es. Wir empfehlen die entspannten »Audiciones de Órgano«, während derer man Meistern beim Üben lauschen kann (2,40 €).
Plaza de los Venerables s/n; Tel. 954 56 26 96

Teatro Alameda ⸺› S. 109, F 2
Gemischtes Programm: Flamenco, Gastspiele oder Marionettentheater.
C. Crédito, 13; Tel. 954 91 57 80

Teatro Central
⸺› S. 109, nordöstl. D 1

Ein modernes, 1992 eingeweihtes Theater auf der Cartuja-Insel (→ S. 62). Mit Theater- und Kulturprogramm.
C. José Gálvez; Tel. 955 03 72 00 und 954 46 06 00; www.teatrocentral.com

Teatro de la Maestranza
⸺› S. 113, D 12

Für die Expo '92 erbautes Gebäude mit neoklassischer Fassade für bis zu 1800 Zuschauer, in dem das ganze Jahr über Konzerte und Festivitäten stattfinden. Regelmäßig treten internationale Solisten und Orchester auf.
Paseo de Colón, 22; Tel. 954 22 33 44; www.teatromaestranza.com

Teatro Lope de Vega ⸺› S. 118, A 23
Während der iberoamerikanischen Weltausstellung von 1929 diente das neobarocke Gebäude als Kasino und wurde dann in ein Theater umfunktioniert, verkam jedoch binnen kurzer Zeit. Renoviert und für die Expo '92 wieder eröffnet, verfügt es jetzt über eine größere Bühne. Auch klassische Konzerte und Ausstellungen finden statt. Dem Theater angeschlossen ist das **Café del Casino**.
Avda. de María Luisa s/n (Ecke Avda. del Perú); Tel. 954 59 08 53; www.teatrolopedevega.org

Leid und Leidenschaft – Dem authentischen Flamenco auf der Spur

Der Flamenco von heute kommt ohne Folklore aus.

Mit dem beiläufigen Satz »Viel Intensität im Schmerz wie auch in der Freude« beschrieb der Flamenco-Kritiker Francisco J. Marmol unlängst einen Auftritt der Sängerin Estrella Morente im Picasso-Museum in Málaga – ein Rahmen, der ebenso wenig wie diese Künstlerin die gängigen Klischees des Flamenco bestätigt. Flamenco von heute hat mit Folklore gar nichts zu tun. Er ist die Synthese von Avantgarde und Tradition. Das kommt auch auf der Bühne zum Ausdruck: Morente tritt niemals in der typischen sevillanischen Tracht auf, und der tanzende Flamencostar Joaquín Cortés lässt nur Armani oder Gaultier für sich schneidern.

Als Sängerin geradezu puristisch, ist Estrella Morente eine Akteurin, mit der sich wohl jede Frau von heute identifizieren kann. Sie hat in der Szene eine Position, die früher ausschließlich männlichen Cantaores vorbehalten war. Und auch Joaquín Cortés steht für den Wandel: Zu seiner Choreografie trägt er mitunter einen kurzen Rock oder ein Flamencokleid und verleiht tabulos auch femininen Emotionen Ausdruck. Überwunden das stereotype Rollenverständnis »feurige Sevillanerin, stolzer Macho« – Flamenco ist eine Kunst von und für Menschen von heute.

Eine neue Generation von Künstlern hat also bewiesen, dass Flamenco über eine begrenzte Szene eingeweihter Insider hinaus in aller Welt ein großes Publikum begeistern kann. Bei keinem von ihnen verkommt der Flamenco zum Zirkus, denn diese Kunst stellt sich ganz in den Dienst einer klar umrissenen Aufgabe: dem Repertoire der elementaren Gefühle Ausdruck zu verleihen. Die Cantaora Esperanza Fernández drückt es so aus: »Flamenco ist, wenn du erschauderst, ohne zu wissen warum«.

CANTE, TOQUE UND BAILE
Im Flamenco gibt es nicht die krasse Trennung zwischen Zuschauer und

MERIAN-Spezial

Publikum. Dank seiner einfachen Zutaten – im Prinzip drei: »cante« (Gesang), »toque« (Rhytmus und Musik, also Percussion, Gitarre und Klatschen) und »baile« (dem Tanz gibt das Steppen eine musikalische Dimension) – ist der Körper das universale Instrument, und wenn man nur mit dem Fuß wippt. Deshalb erlebt der Flamencounterricht einen wahren Boom – in Spanien und im Ausland. In Sevilla, der Wiege des Flamenco, bieten zahlreiche Schulen Kurse im Tanz und Gitarrenspiel an. Es gibt kaum einen besseren Ort, um sich in die Kunst des Flamencos einweisen zu lassen, als die andalusische Hauptstadt.

Wer es wagt, dem tut sich eine faszinierende Welt auf. Denn im Flamenco ist selbst der größte Star nur Instrument unter Instrumenten, in deren Mitte er vielleicht erscheint: »el duende«, der Geist dieser Kunst. Deshalb ist das Herz der Flamencokultur nicht das Theater, sondern die Peña. Ein Lokal, ein Vereinsraum, in dem die Szene sich trifft. Hier fragt der launische »duende« nicht, ob gerade Sonia aus Montreal klatscht, die in Sevilla bei einem Workshop ihre Technik verbessert, die bekannte Flamencosängerin Nina Pastori eine Bulería singt oder Juan Habichuela sich bewegen ließ, die Gitarre zu nehmen. In einer Peña lässt man sich mitreißen, hier fragt niemand nach Namen.

Flamencokurse
Centro Autorizada de Danza Matilde Coral ⟶ S. 112, A 11
C. Castilla, 82–84; Tel. 954 33 97 31; www.deflamenco.com/escuelas/matildecoral
Taller Flamenco ⟶ S. 109, F 2
C. Peral, 49; Tel. 954 56 42 34; www.tallerflamenco.com
Escuela Flamenca Juan Polvillo ⟶ S. 110, C 8
C. Sol, 84; Tel. 954 42 22 93; www.escuelaflamenca.com

Museo del Baile Flamenco
⟶ S. 114, A 15
Geschichte und Gegenwart des Flamencos werden hier anschaulich und abwechslungsreich vermittelt.
C. Manuel Rojas Marcos, 3; Tel. 954 34 03 11; www.museoflamenco.com; tgl. 9–19 Uhr; Eintritt 10 €, Kinder 6 €

Peñas
Eine Übersicht über sämtliche Peñas in Sevilla findet man unter:
www.guiaflama.com;
www.deflamenco.com

Der Flamenco geht auf die Einflüsse diverser Kulturen zurück. Heute wird er professionell unterrichtet – wie hier in der Escuela Autorizada de Danza Matilde Coral.

Feste und Events

Niemand übertrifft die Sevillanos bei der Andacht und Feierlichkeit der kirchlichen Prozessionen.

Die würdevollen Prozessionen der Semana Santa sind ein Höhepunkt im Festkalender. Eine gute Gelegenheit, sich in die alte Tracht mit dem Schleiertuch der Mantilla zu werfen.

Feste und Events

Die Nacht vor der Prozession der **Virgen de los Reyes**, die gegen 8 Uhr am 15. August die Kathedrale verlässt, ist mit ihrer lebhaften Stimmung eine der schönsten in Sevilla. Und eine der andächtigsten: Ab 4.30 Uhr ist die Kathedrale geöffnet. Bald schon füllt sie sich mit Menschen, die den verschiedenen Messen beiwohnen und sich mit Fächern Kühlung verschaffen. Das Geräusch der Fächer und der Gebete inmitten der Stille verwandeln die Nacht von Mariä Himmelfahrt in ein geradezu mystisches Ereignis.

Januar
Cabalgata de los Reyes Magos
→ MERIAN-Tipp, S. 47

Februar/März
Los Carnavales
Besonders rauschend sind die Karnevalsfeiern in Cádiz und Isla Cristina.
Zwei Wochen vor dem Aschermittwoch

Karwoche (Semana Santa)
Mit der Messe am Palmsonntag beginnen die Prozessionen; die meistbesuchten sind die der »Virgenes de Macarena«, »Amargura«, »Victoria«, »Presentación«, »Mayor Dolor« und »Dulce Nombre«. Die Prozession der Macarena startet am frühen Morgen des Karfreitag und wird deshalb auch »Madrugá« genannt.

April
Feria de Abril
Die Feria beginnt dienstags um 12 Uhr mit dem Umzug der festlich gekleideten Gäste, Pferde aus den besten Gestüten und geschmückten Kutschen.
Dritte Woche nach Semana Santa

Mai/Juni
Corpus Christi (Los Seises)
Die Prozession besteht in Sevilla seit 1454 und ist eine der prunkvollsten der Stadt. Sie startet früh morgens in der Kathedrale. Die Straßen werden mit Blumen und Rosmarin bestreut.
Ende Mai/Anfang Juni

Romería de El Rocío
Ende Mai/Anfang Juni (→ S. 85)

Juli/August
Velá de Santiago y Santa Ana
Übereinstimmend mit den Patronatsfesten der Heiligen Santiago und Ana findet an den Ufern des Guadalquivir das größte Fest Trianas statt. Die hl. Anna ist die Patronin des Viertels, Santiago der Schutzheilige Spaniens.
25./26. Juli

Festival Internacional de Danza de Itálica
Zahlreiche Ballett- und Tanzveranstaltungen im Amphitheater der Ruinen Itálicas in Santiponce (→ S. 86).
Juni/Juli/Aug.

September/November
Bienal del Arte Flamenco
Die besten Flamencosänger und -tänzer treffen sich im Teatro Lope de Vega und im Hotel Triana.
Die beiden letzten Sept.-Wochen, alle zwei Jahre: 2008, 2010 etc.

Sevilla en Otoño
Kultur pur, von Tanz und Theatervorführungen bis hin zu Ausstellungen und sportlichen Veranstaltungen.
Sept./Nov.

Encuentro Internacional de Música de Cine
Das weltweit einzige Kinomusik-Festival findet in der Maestranza statt.

Mes de Danza
Einen Monat lang zeigen Choreografen und Ensembles ihre neuesten Kreationen, neben modernen Tanzeinlagen auch Flamenco und HipHop.
www.laespiraldanza.com

Dezember
La Inmaculada Concepción
Eine Musikkapelle zieht von der Plaza del Triunfo bis zur Calle de Santa Cruz, in der Kathedrale tanzen Los Seises.
8. Dez.

Familientipps – Hits für Kids

Ein andalusisches Märchen: Eine aufregendere Kulisse für Kinderträume kann man sich kaum denken.

Alternative zum Spaziergang: Eine der zahlreichen Pferdekutschen (→ S. 48) bringt Sie zu den kulturellen Highlights von Sevilla, und die Kleinen genießen die Tour bestimmt.

Familientipps – Hits für Kids

Seit es den Vergnügungspark **Isla Mágica** gibt, bleibt Eltern in Sevilla wohl kaum noch eine andere Wahl: Wo man zwischen Piraten in Südseehäfen seine Brause trinken und sich obendrein in eine Seeräuberschlacht verwickeln lassen kann, wo atemberaubende Wasserattraktionen kühle Erfrischung bieten, da fühlen sich kleine Menschen ab fünf Jahren gerade recht am Platz, und auch die Eltern werden ihre Freude haben.

Vergnügungsparks gibt es mittlerweile wie Sand am Meer, schon gar in Spanien, wo mit Tarragonas »Port Aventura«, Benidorms »Terra Mítica« und mit Madrids neuem Warner-Rummelgelände in der Casa de Campo allein drei große, moderne und quicklebendige Parks bestehen. »Isla Mágica« bietet kindgerecht alles zum Thema Seefahrt, Zeit der Entdeckungen, Eroberungen und der Piraterie auf den sieben Weltmeeren. Von den Loops der Achterbahn hat man erstaunliche Perspektiven auf das – auf den Kopf gestellte – Sevilla mit der Giralda. Schwindelerregende Attraktionen, die einem bei der Hitze im Sommer mitunter den Kopf verdrehen.

Ansonsten sollten Urlauber mit Kindern die Reisezeit sorgfältig wählen: Die Sommermonate in Sevilla muten sich die Sevillanos freiwillig nicht einmal selbst zu. Und spätestens ab Mai sollte man vom Mittag bis zum späten Nachmittag den Besuch der Stadt ruhig angehen lassen: Siesta halten, Parkanlagen aufsuchen und Wasserspielparks genießen. Einen Ausflug ans Meer sollte man zum Vergnügen aller mit einplanen.

Mit ein wenig Fantasie kann man sich an den unzähligen geschichtsträchtigen Orten kinderleicht in eine andere Zeit versetzen. Der tartessische Goldschatz im **Museo Arqueológico** (→ S. 72) verfehlt da seine Wirkung ebenso wenig wie die Vielzahl alter Karten und Manuskripte im **Archivo General de Indias** (→ S. 71). Wer mit dem Grab des Kolumbus seine Kinder nicht dazu zu bewegen versteht, die **Kathedrale** (→ S. 57) zu besichtigen, hat mitunter schon verzweifelt seine pädagogischen und elterlichen Fähigkeiten in Frage gestellt.

Sevilla hält als »Prinzessin der Städte« jede Menge Geschichten und Anekdoten bereit. Etwa die des Hombre de Piedra, des »Steinernen Mannes« in der gleichnamigen Straße (→ S. 53), oder die vom getrockneten Krokodil, das im Zugang zum Patio de los Naranjos bei der Giralda hängt. Das Krokodil hatte im Mittelalter ein arabischer Sultan König Alfons X., dem Weisen, zum Geschenk gemacht, als er um die Hand der Infanta Berenguela, der Tochter des Königs, anhielt.

Fahrt mit der Pferdekutsche oder Besuch des Vergnügungsparks ...

Oder die Geschichte von König Pedro I, dem Grausamen, der um 1360 eine salomonische Entscheidung in eigener Sache zu treffen hatte: Bei einer der im Mittelalter üblichen Händel hatte der König, inkognito im schwarzen Wams, des Nachts in einer Gasse von Sevilla den Sohn einer mächtigen Adelsfamilie im Duell getötet. Die forderte den Kopf des Täters, und der König setzte sogar eine Belohnung für

MERIAN-Tipp

Cabalgata de los Reyes Magos

Der Umzug der Reyes Magos am Vorabend des Dreikönigsfestes ist ein Erlebnis für die ganze Familie. Abmarsch ist um 17 Uhr: Aus den bunt geschmückten Karren und Kutschen, die durch Santa Cruz, Macarena, Triana und Remedios fahren, werfen die Hl. Drei Könige den Kindern Bonbons zu. Dann werden die Geschenkwünsche aufgenommen.

5. Januar

Familientipps – Hits für Kids

den aus, der den Täter nennen konnte. Eine alte Frau, so die Legende, hatte den König jedoch bei dem nächtlichen Gefecht erkannt und forderte nun bei Pedro I. ihre Belohnung ein. Die gab er ihr auch. Am nächsten Tag ließ der König eine verschlossene Kiste in die Straße des verhängnisvollen Duells bringen, in der angeblich der Kopf des Täters aufbewahrt war. Die verschlossene Kiste wurde in einer Wandnische aufgestellt und erst 1369 nach der Ermordung des Königs geöffnet. Zur Verwunderung aller war darin die Büste des Königs, die heute in eben der Nische in der Calle de la Cabeza del Rey Don Pedro zu sehen ist.

Aquopolis ····⇢ S. 115, östl. F 15
Wem der Strand zu weit entfernt ist, der kann einen Tag im Abenteuerschwimmbad Aquopolis verbringen, das etwas außerhalb liegt, aber gut mit Auto oder Bus (Linie 55) zu erreichen ist. Hier findet man, verteilt über 200 000 qm, Rasenflächen, Wasserrutschbahnen, Wellenfreibad, Kleinkinderbecken sowie ein Restaurant.
Avda. del Deporte (Sevilla Ost); Tel. 954 40 66 22; www.aquopolis.com; Ende Mai–Anf. Sept.; Eintritt 16,50 €, Kinder 11,50 €

Bootsfahrt auf dem Guadalquivir
····⇢ S. 117, E 17
Flussabwärts zur Mündung des Guadalquivir nach Sanlúcar de Barrameda (→ S. 88) oder flussaufwärts, unter den neuen emblematischen Brücken von Sevilla hindurch Richtung Alcalá de Río stechen an der Torre del Oro kleine Flussdampfer in See. Der Ausflug flussabwärts ist ein Tagesausflug, führt an den Marschen des Coto de Doñana vorbei und lässt sich in Sanlúcar mit einem Tag am Strand des Atlantiks verbinden. An einem Wochenende im August werden hier an der Playa de Bajo die traditionellen Pferderennen ausgetragen.
Abfahrt Embarcaderos Torre del Oro; Info: Cruceros Turísticos; Tel. 954 56 16 92; www.crucerostorredeloro.com; Preis pro Person 13 € (→ Sevilla Card, S. 103)

Isla Mágica ····⇢ S. 108, nördl. B 1
Ein Abenteuerpark, der unter Sevillas Kindern als das Ereignis schlechthin gilt: Auf dem Gelände der Expo '92 ist die »Magische Insel«, eine Art Kopie des Filmszenarios von »Hook«, getarnt als Zeitreise in die Vergangenheit der Entdeckungen, Eroberungen, Piraten und Seefahrer entstanden. Dazu Wildwasserfahrten, eine sehr gute Achterbahn, Bootsfahrten, Tanzen und Singen bei karibischer Musik, ein dreidimensionales Kino, Schießbuden, Theatervorführungen, Bars und Restaurants in exotischem Ambiente.
Pabellón de España/Isla de la Cartuja; Reservierung Tel. 902 16 00 00, Info-Tel. 902 16 17 16; www.islamagica.es; sehr unterschiedliche Öffnungszeiten im Jahresverlauf; April–Sept. durchgehend (10.30/11–19.30/24 Uhr) geöffnet, dann an langen Feiertagswochenenden; Eintritt 23–27 €, Kinder und Senioren 17–19 € (je nach Saison, → Sevilla Card, S. 103), auch günstigere Nachmittagstarife

Mit der Kutsche
Kutschen ermöglichen eine Stadtbesichtigung mit leuchtenden Kinderaugen statt müdem Nörgeln. Besteigen kann man die Gefährte rund um die Kathedrale (····⇢ S. 113, F 12). Mit dieser Karosse kann man auch den Naturpark Coto de Doñana (→ S. 85) besichtigen. Ausgangspunkt der Kutschenfahrt durch das Biosphärenreservat ist El Rocío (····⇢ S. 87, a 2).

Spielpark Fort Luka's ····⇢ S. 114, C 16
Während die Kleinen unter Aufsicht im Spielpark im Wildweststil ihren Spaß haben, können ihre Eltern in der dazugehörigen Bar unbesorgt plauschen.
Factory Out Let, Junto a Megaocio, Bormujos (9 km westl.); Tel. 955 72 61 00; www.fort-lukas.com; Mo-Fr 10–14 (ohne Aufsicht), 17–21 (mit Aufsicht), Sa, So 11–21 Uhr (mit Aufsicht); Preis pro Std. mit Aufsicht 5 €, Kindertagesstätte 5 €

DIE PERLEN SPANIENS FINDEN.

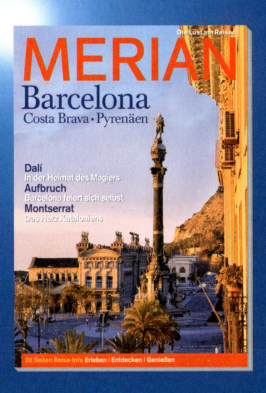

Buchten und Berge, Nightclubs und Kathedralen, Design und Dalí – hier schlägt Spaniens Herz! MERIAN bietet Reportagen von exzellenten Fotografen und den besten Autoren der Welt – mit aktuellen Informationen, nützlichen Tipps und umfangreichem Kartenmaterial. Für anspruchsvolle Reisende, die das Erlebnis für alle Sinne suchen. IM GUTEN BUCH- UND ZEITSCHRIFTENHANDEL ODER UNTER TELEFON 0 40/87 97 35 40 UND WWW.MERIAN.DE

MERIAN
Die Lust am Reisen

Unterwegs in Sevilla

Die Torre del Oro (→ S. 82) ist ein bauliches Zeugnis aus der Almohadenzeit im 13. Jahrhundert. Einst ein Teil der maurischen Befestigungsanlage der Stadt, ist der Turm heute den zahlreichen Flaneuren an der Uferpromenade eine markante Wegmarke.

Sevilla ist ein Gedicht, aber auch ein Geschichts-
buch. Man sollte die Stadt langsam »lesen«. Und
das immer wieder – auch in der Nebensaison, wenn
die andalusische Metropole zu sich selbst findet.

Sehenswertes

Von der Antike über den Islam bis zum christlichen Mittelalter, gab der Barock Sevilla den letzten Schliff.

Verspielte maurische Ornamentik schmückt die Mudéjarbögen und Wände des Salón de Embajadores in den Reales Alcázares (→ S. 67). Die Kuppel birgt wertvolle Holzintarsien.

"Toda España, Italia, Francia/vive por este Arenal/porque es plaza general/de todo trato y ganancia.« So dichtete Lópe de Vega, einer der führenden Dichter des spanischen Siglo de Oro, über Sevilla. Dabei muss man sich **El Arenal**, wo Spanien, Italien und Frankreich – im Grunde also das damalige Abendland – »handeln und Reichtümer anhäuf(t)en«, als sandigen und schlammigen Strand am Rande Sevillas vorstellen.

Wo heute der Guadalquivir gemächlich an der Uferpromenade vorbeifließt, sich das **Teatro de la Maestranza**, die **Plaza de Toros** und die **Torre del Oro** spiegeln, war damals alles voller Galeonen und Werften, Baumaterial und Abfall der Schiffe, tummelten sich Edelleute, Händler und fluchende Seeleute. Eine zunächst provisorische Brücke hielt die Verbindung zum gegenüberliegenden Barrio de Triana, wo sich das Leben nicht minder kunterbunt um die Seefahrt drehte. Das moderne Sevilla – bis in die Achtzigerjahre eine verwahrloste Randerscheinung Spaniens – hat seinen immer noch wichtigen Handelshafen jetzt 10 km weiter südlich. Der Ausbau des Jachthafens und Anleger für Kreuzfahrtschiffe in der Nähe des Geländes der Feria de Abril machen den Seeweg auch touristisch interessant.

Triana ist bis heute »la Sevilla castiza«, das volkstümliche – sprich ärmliche – Sevilla. Auch wenn das Flair zunehmend Bohemiens anzieht. Triana ist erst durch die Expo aus seiner romantischen Verwahrlosung gerissen worden. Mit dem Espacio Cultural Puerta de Triana und anderen Expo-Relikten hat es inzwischen mehr zu bieten als folkloristischen Zauber.

Die Barrios La Macarena, El Arenal, Santa Cruz und Triana aber, die bis in die Zwanzigerjahre praktisch den Umriss von Sevilla bildeten, haben ihren romantischen Zauber bewahrt. Beschreiben lässt er sich nicht, sagen viele. Dichter, Poeten und Schriftsteller haben es seit der Römerzeit trotzdem immer wieder versucht. Am kürzesten ist es wohl dem in Sevilla geborenen Antonio Machado y Ruiz (1939 im französischen Exil gestorben) mit diesem Vers gelungen: »Y Sevilla ...«.

Verse, Geschichten und Mythen gehören zum Spaziergang durch Sevilla wie das Wasser zum Guadalquivir. In der Regel schmeichelt sich Sevilla dabei maßlos. In Wirklichkeit war etwa Caesar weit weniger zufrieden mit den Sevillanos als diese mit sich selbst. Überliefert ist eine Rede, die Caesar 45 v. Chr. nach dem Sieg bei Munda über die Söhne seines Rivalen Pompeius hielt: »Stets habt Ihr den Frieden dermaßen verabscheut, dass die Legionen aus eurer Provinz nie abgezogen werden konnten.«

Doch den Sevillanos ist die Geschichte einerlei. Sie wurde in christlichen Jahrhunderten nach eigenem Geschmack neu geschrieben. So etwa die eines weitgehend verwitterten Torso aus römischer Zeit, den man in der **Calle Hombre de Piedra** auf halber Höhe gegenüber dem **Convento de Santa Clara** in einer Nische findet. Zier eines einst römischen, später arabischen Badehauses, das spurlos verschwunden ist, schreibt der Volksmund die Existenz des »Steinernen Manns« einem päpstlichen Erlass zu: Jeder, auch der König, habe bei Prozessionen vor dem Allerheiligsten auf die Knie zu fallen. Eine Vorschrift, die an der **Iglesia del Salvador** (Ecke zur Calle Villegas) bis heute in Stein gemeißelt zu lesen steht. Der Tagedieb, der das Gebot ignorierte, wurde demnach durch göttlichen Blitz auf Ewigkeit in Stein verwandelt.

SEHENSWERTES

Alameda de Hércules ⇢ S. 109, F 3–4
Bereits im 16. Jh. ließ Francisco Zapata, Conde de Barajas, die sumpfigen Uferwiesen trockenlegen und die Allee mit ihren Brunnen und Gärten errichten. Die Alameda erlebte ihre Glanzzeit als Treffpunkt der Sevilla-

ner im Siglo de Oro, dem goldenen Zeitalter Spaniens, als Sevilla eine seiner kulturellen Hochburgen war.

Langwierige Sanierungsarbeiten, die sich höchst sevillanisch nun schon über ein Jahrzehnt hinziehen, haben bislang eine der Hauptattraktivitäten der Alameda verschont: den sonntäglichen Markt, wo von verrosteten Werkzeugen bis zu kitschigen Bildern oder vergilbten Büchern alles an Ramsch zu finden ist. Im Süden der Alameda befinden sich zwei Marmorsäulen mit von der Erosion gezeichneten Bildnissen des Herkules und des Julius Caesar, die aus einem römischen Tempel stammen, der sich in der heutigen Straße Mármoles befand und Herkules geweiht war. Heute ist die Alameda die wohl szenigste Meile Sevillas, zahlreiche Bars und Cafés wie etwa das **La Habanilla** laden zu Aperitif, Tapas oder Abendessen ein.
La Macarena

Ayuntamiento ⇢ S. 113, F 11

Das Rathaus von Sevilla liegt zwischen der historischen Plaza de San Francisco und der modernen Plaza Nueva. Vom 15. bis zum 18. Jh. wurden auf der Plaza de San Francisco die Ketzer abgeurteilt; verbrannt wurden sie anschließend dort, wo heute der Busbahnhof Prado de San Sebastián liegt, um den Geruch von der Stadt fern zu halten. Wenn Verurteilte erhängt wurden, so tat dies die Justiz auf der Plaza de San Fernando selbst. So fand hier am 30. März 1781 der berüchtigte Bandolero Diego Corrientes den Tod, der als spanischer Robin Hood die Armen und die romantischen Reisenden durch Andalusien begeisterte, die Händler und Carabineri, Vorläufer der Guardia Civil, jedoch zur Verzweiflung trieb. Auf der Plaza Nueva, deren Mitte eine Reiterstatue von Fernando III, dem christlichen Eroberer Sevillas, ziert, befand sich ehemals das Kloster des heiligen Francisco.

Das Rathaus selbst wurde 1527–1534 erbaut. Die Fassade an der Plaza de San Francisco ist ein Kunstwerk im Platereskstil, entworfen vom Architekten Diego de Riaño. Die westliche neoklassizistische Fassade ist Teil der 1891 vollzogenen Erweiterung des Rathauses. Vom ursprünglichen Gebäude sind die Decken des Foyers und des unteren Stadtratssaals erhalten, wo das Gemälde »Imposición de la casulla a san Ildefonso« (Auflegung des Messgewands des heiligen Ildefonso) von Velázquez hängt. Der obere Stadtratssaal beherbergt ein vergoldetes Stuckwerk und mehrere Gemälde von Zurbarán und Valdés Leal.
Plaza Nueva, 1 (Santa Cruz); Führungen für Gruppen Di–Do 17.30 und 18 Uhr

Barrio de Santa Cruz
⇢ S. 114, A/B 14–16

Erst in den letzten Jahrzehnten hat Spanien ernsthaft damit begonnen, sich seines jüdischen Erbes bewusst zu werden. Zumindest bis zu den islamischen Judenpogromen 1066 in Granada hatten Juden, Christen und Moslems in Spanien die Blüte der Kultur von Al-Andalus gemeinsam bewirkt. Wie aus einem Brief des Rabbiners Chadaj Crescas (1340–1410) aus Zaragoza hervorgeht, müssen in Sevilla »daselbst an 6000 bis 7000 Familienväter« gelebt haben, als »am Neumondstage des verhängnisvollen Monats Tammus des Jahres 5151 (1391 n. Chr.) der Herr die Bogen der Feinde gegen die Gemeinde Sevilla spannte«. Viele von ihnen fanden dem Rabbiner zufolge den Tod, die meisten hingegen sollen den christlichen Glauben angenommen haben, um das nackte Leben zu retten. Spanienweit schätzt man die Zahl dieser Conversos auf rund 20 000.

Doch die Lage der sephardischen Juden – im Hebräischen heißt Spanien »Sefarad« – sollte sich unter den Katholischen Königen ab 1492 noch verschlimmern. Per Edikt wurde ihre Vertreibung angeordnet. Damals verließen auch die letzten Juden ihre Häuser im einstigen Judenviertel Sevillas.

Sein neuer Name, Barrio de Santa Cruz – Viertel des heiligen Kreuzes –, spiegelt den Eifer wider, mit dem damals die Inquisition gegen die anderen Weltreligionen in Spanien vorging.

Vier Synagogen gab es im jüdischen Viertel. Nach der Vertreibung der Juden wurden sie in Kirchen verwandelt: San Bartolomé, Santa María la Blanca, Santa Cruz und das Konvent Madre de Dios. Um 1530 bilden sich die ersten »cofradías«, die in der Karwoche aus allen Kirchen zur Kathedrale ziehen. Nur die Bruderschaften des Triana-Viertels ziehen nicht durch Santa Cruz, sie sammeln sich vor ihrer eigenen Kathedrale, der **Iglesia de Santa Ana** (→ S. 61).

Heute ist Santa Cruz mit seinen verwunschenen Gassen, die an jahrhundertealten weißen Häusern und unzähligen Patios vorbeiführen, das malerischste Viertel der Stadt, das nach den sephardischen Juden bald der neureiche Stadtadel und später das sevillanische Bürgertum bevölkerten. Der geruhsame Spaziergang durch diese schattigen Gassen gehört zum Besuch von Sevilla wie die Olive zur Caña. Viele Häuser zum Beispiel in der Gasse **Callejón del Agua** erinnern an längst vergangene Zeiten, als ihre begüterten Besitzer noch mit Pferdekutschen anfuhren und nachts rauschende Feste feierten. Durch diese Gassen ging schon der Maler Murillo in einem nicht so fernen 17. Jh.; eben diese Gassen sind auch Schauplatz vieler literarischer Werke, und in der Karwoche, wenn die Prozessionen stattfinden, fühlt man sich heute noch ins Mittelalter versetzt.

Tagsüber freilich wirkt der Stadtkern keinesfalls düster, sondern südlich und hell. Kleine Plätze mit Cafés oder Springbrunnen tauchen wie aus dem Nichts auf. Auch ohne den Stadtplan zu konsultieren, sieht man sich früher oder später den historischen Gebäuden des Viertels gegenüber, etwa dem **Hospital de los Venerables** (→ S. 75) aus dem 17. Jh. mit seinen Deckenfresken von Juan de Valdés Leal oder der Kathedrale. Im Norden der Judería verläuft die Einkaufsstraße **Calle de las Sierpes** (→ S. 56), eine der charakteristischsten Straßen der Stadt. Plätze wie die **Plaza del Salvador** sind heute wie ehedem nicht nur ein beliebter Treffpunkt junger Sevillaner, sondern dienten schon dem Dichter Cervantes als Hintergrund vieler Erzählungen. Und nicht zuletzt die **Casa de Pilatos** (→ S. 71) oder das an

Eindrucksvoll spiegelt das Rathaus die Baustile mehrerer Jahrhunderte wider.

Die Virgen de la Esperanza Macarena genießt bei Sevillanos eine hohe Verehrung.

die Calle Sierpes grenzende Rathaus erinnern an die glorreiche Zeit der Macht und Kultur Sevillas im 16. Jh.

Basílica de la Macarena
⇢ S. 110, A 5–6

Diese Basilika wurde 1949 von Aurelio Gómez Millán im neobarocken Stil erbaut, um das Heiligenbild der Macarena, der Jungfrau der Hoffnung, unterzubringen. Es ist der **Iglesia de San Gil** (13. Jh.) angeschlossen. Dort befand sich die Macarena bis zu deren Brand im Bürgerkriegsjahr 1936.

Heute ist das Bildnis der Macarena über dem Hauptaltar zwischen Gold- und Silberverzierungen angebracht. In der Kapelle des östlichen Seitenschiffs kann man zudem einen Kupferstich von Morales Nieto von 1654 betrachten. Die Fresken aus dem Jahr 1982 stammen vom Künstler Rafael Rodríguez Hernández und stellen verschiedene Szenen aus dem Leben der Heiligen Jungfrau Maria dar.

Rechts vom Haupteingang sind die Eintrittskarten für das **Museum** erhältlich. Der Kirchenschatz in der Sakristei birgt vieles von dem, was Jahrhunderte hindurch gelebte religiöse Tradition Sevillas rund um die »cofradías«, die Laienbruderschaften, war, die jedes Jahr zur Osterwoche ihre Jungfrau in ganzer Pracht und mit all ihrem Gewicht durch die engen Gassen tragen. Neben prunkvollen Decken, Juwelen und den Heiligenbildern der Karwoche kann man bestickte Stierkämpfertrachten bewundern, die dem Museum als Danksagung von berühmten Toreros geschenkt wurden.
C. de la Macarena; tgl. 9–13 und 17–21, Schatzkammer bis 20 Uhr; Eintritt 3 €

Calle de las Sierpes
⇢ S. 113, F 10–11

Die Fußgängerzone der Calle Sierpes und ihrer Parallelstraßen Tetuán und Cuna ist eine der wichtigsten Einkaufszonen der Stadt. Neben Modeboutiquen findet man viele Hut-, Fächer- oder Tuchgeschäfte sowie Souvenirläden, Schuhgeschäfte, alles, was das Herz begehrt. Die angenehmste Zeit für einen Einkaufsbummel durch die Calles de las Sierpes, Cuna und Tetuán ist der frühe Abend, wenn die Gesichter der Verkäufer entspannter sind als am Morgen und man sich schon auf das kühle Bier nach Geschäftsschluss freut. Eine Kuriosität ist die 1924 auf Kacheln gemalte Werbung für Studebaker-Autos in der Calle Tetuán (Nr. 9).

Wo heute die Banco Santaner Central Hispano ihre Filiale hat, war einst das Gefängnis, in dem u. a. Miguel de Cervantes (1547–1616) einsaß. Wenn man der Calle Jovellanos folgt, gelangt man an die Kapelle des hl. Josef, klein, aber durchaus sehenswert. Am Ende der Calle de las Sierpes befindet sich die berühmte Konditorei **La Campana** (→ S. 23), ein traditioneller Treffpunkt der Einheimischen.

Casa de Pilatos
⇢ S. 114, B/C 14
→ S. 71, 80

Catedral de Santa María de la Sede ⇢ S. 59 und S. 113, F 12

Die **Giralda** und der **Patio de los Naranjos** sind das Einzige, was von Sevillas almohadischer Moschee erhalten blieb. Den Rest des Tempels rissen die Christen ab und begannen 1401 mit dem Bau der Kathedrale von Sevilla. Es handelt sich um die größte gotische Kathedrale der Welt und nach dem Petersdom in Rom und St. Paul in London sogar um den drittgrößten christlichen Sakralbau überhaupt. Nur die Bewohner von Palma de Mallorca widersprechen dem und erklären ihre Kathedrale zur größten gotischen Kirche der Welt.

1198 waren Moschee und Giralda, mit der sich die neue Dynastie der Almohaden in Sevilla ihr Denkmal setzte, eingeweiht worden. Wenige Jahre vor Baubeginn der Kathedrale, war die Moschee bereits 1396 teilweise durch ein Erdbeben zerstört worden. Doch deren Abriss war nicht diesem Erdbeben zuzuschreiben. Während in Granada noch fast ein Jahrhundert lang das nasridische Königreich blühen sollte, wurde Sevilla zu einem wichtigen Gegenpol im Süden des kastilischen Königreichs. So entstand die Kathedrale als Symbol christlicher Herrlichkeit, als Sevilla zum zentralen Handelsplatz zwischen den Arabern von Granada und den christlichen Herrschern Spaniens wurde.

Beeindruckend ist nicht nur die gotische Architektur mit ihren immensen Ausmaßen: einer Länge von 115 m, einer Breite von 74 m und einer Höhe von 40 m in der Vierung. Von großem Wert sind auch die verschiedenen Kapellen mit wahrhaftigen Kunstwerken und der **Tesoro** (Kirchenschatz) in der Sakristei. In der im Platereskstil reich ausgeschmückten **Sacristía Mayor** werden Heiligenbilder des sevillanischen Malers Murillo sowie die edelsteinbesetzte Krone der Virgen de los Reyes gezeigt. Glanzstück ist die 3,90 m hohe Prozessionsmonstranz aus Silber von Juan de Arfe y Villafañe.

Der Hauptaltar in der **Capilla Mayor** mit dem Bild der Schutzpatronin der Kirche, Santa María de la Sede, besteht aus 44 vergoldeten Reliefs, die aus der Zeit von 1482 bis 1564 rühren und größtenteils von spanischen und flandrischen Künstlern stammen. Mit 23 m Höhe x 20 m Breite ist es das größte Altarbild der Welt. Die Capilla Mayor ist an drei Seiten von prächti-

Die Sala Capitular mit ihrer ovalen Laternenkuppel liegt in einem Seitentrakt der Kathedrale. Vor allem ein Mariengemälde von Murillo zieht den staunenden Blick auf sich.

gen schmiedeisernen Gittern umgeben, die aus dem 16. Jh. stammen.

Die Kathedrale ist auch die letzte Ruhestätte von Christoph Kolumbus, der um 1890 in das südliche Querschiff umgebettet wurde. In der **Capilla Real**, einer Renaissancekapelle hinter dem Hauptaltar, liegt der Eroberer Sevillas, Fernando III, begraben. Beachtenswert sind die Portale, insbesondere die **Puerta de la Asunción**, die erst 1833 fertiggestellt wurde.

Zum Wahrzeichen Sevillas aber wird die Kathedrale dank ihres einstigen Gebetsturms, dem in der Renaissance die Turmspitze mit Glockengestühl und obenauf die Bronzestatue der **Giralda** aufgesetzt wurde. Das Original der Bronzestatue in 97 m Höhe steht heute in der Nordwestecke der Kathedrale, nahe dem Hauptportal. Und wer den Glockenturm besteigt, wird von der Glockengalerie in 70 m Höhe mit einer wunderschönen Aussicht über die Stadt belohnt. Am Fuß der Giralda entdeckt der aufmerksame Betrachter Fundamentsteine mit römischen Inschriften. Auch der Brunnenstein im **Patio de los Naranjos** gehört zum antiken Erbe. Er stammt vermutlich aus den großen römischen Thermalbädern der Stadt.

Plaza de la Virgen de los Reyes (Santa Cruz); http://catedraldesevilla.es; Mo–Sa 11–17, im Sommer 9.30–16, So 14.30–18 Uhr; Eintritt 7,80 €, Studenten und Rentner 2 €, Kinder bis 16 Jahre frei

Convento de Santa Inés
⸺⸺⸺⸺⸺⸺⸺⸺⸺⸺⸺▸ S. 114, A 13

In der Iglesia de San Pedro (→ S. 61) wurde im Jahr 1599 der Maler Diego de Silva y Velázquez getauft. Im benachbarten Convento de Santa Inés kann man vorzügliche »dulces regionales« (typisches Gebäck) kaufen. Hier befinden sich Fresken von Francisco Herrera, und am 2. Dezember wird der unverweste Körper der Gründerin des Klosters, María Coronel, verehrt.

C. Doña María Coronel (La Macarena); tgl. 10–20.30, Ausstellung 10–14, 17–20 Uhr

Convento de Santa Paula
⸺⸺⸺⸺⸺⸺⸺⸺⸺⸺⸺▸ S. 110, C 8

Dies ist eines der wenigen öffentlich zugänglichen Klausurklöster Sevillas. In dem 1475 errichteten Bau leben noch heute 40 Nonnen. Um einzutreten, muss man an einer der Türen klingeln, die zur Calle Santa Paula hin liegen. In das **Museum** führt die Tür unter Haus-Nr. 11. Eine Treppe, links hinter der Eingangstür, geleitet zu den zwei Galerien des Klosters, in denen Bilder und religiöse Objekte vor allem spanischer und mexikanischer Herkunft aufbewahrt werden. Die Holztäfelung des Schiffs entstand im Jahr 1623. Wie in vielen Klausurklöstern, widmen sich die Nonnen der Herstellung von Marmeladen und Gelees. Die kann man gegenüber der Treppe zum Museum erwerben.

C. Santa Paula, 1 (La Macarena); tgl. 10.30–13 und 16.30–18.30 Uhr, Verkauf von Marmelade 16.30 – 18.30 Uhr

El Arenal
⸺⸺⸺⸺⸺⸺⸺⸺⸺⸺⸺▸ S. 113, D/E 12 und S. 117, E 17

Die **Plaza de Toros de la Maestranza** mit ihrem regen Treiben während der Stierkampfsaison beherrscht die Atmosphäre von El Arenal, dem einstigen Hafenviertel von Sevilla. Ein paar Schritte nur sind es zum **Paseo de Cristóbal Colón**, der palmengesäumten Uferpromenade, und nach Süden den Guadalquivir entlang liegt das Wahrzeichen nicht nur El Arenals, sondern Sevillas schlechthin, die **Torre del Oro**.

Hotel Alfonso XIII
⸺⸺⸺⸺⸺⸺⸺⸺⸺⸺⸺▸ S. 117, F 17

Im Südosten der Puerta de Jerez, im Zentrum der Stadt, liegt das Hotel Alfonso XIII (→ S. 15), das feinste der Stadt, von 1916 bis 1929 speziell für die Expo Iberoamericana 1929 gebaut. Das Gebäude ist im Neo-Mudéjarstil gehalten, mit Kacheln, Schmiedearbeiten aus Eisen und Schmuckziegeln dekoriert und ist rund um einen hübschen Hof errichtet. Auch wer nicht Hotelgast ist, kann die Bar aufsuchen oder das Restaurant Itálica.

Catedral de Santa María de la Sede ✡

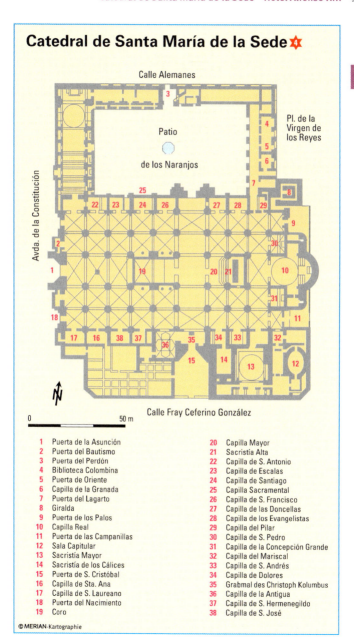

1 Puerta de la Asunción
2 Puerta del Bautismo
3 Puerta del Perdón
4 Biblioteca Colombina
5 Puerta de Oriente
6 Capilla de la Granada
7 Puerta del Lagarto
8 Giralda
9 Puerta de los Palos
10 Capilla Real
11 Puerta de las Campanillas
12 Sala Capitular
13 Sacristía Mayor
14 Sacristía de los Cálices
15 Puerta de S. Cristóbal
16 Capilla de Sta. Ana
17 Capilla de S. Laureano
18 Puerta del Nacimiento
19 Coro
20 Capilla Mayor
21 Sacristía Alta
22 Capilla de S. Antonio
23 Capilla de Escalas
24 Capilla de Santiago
25 Capilla Sacramental
26 Capilla de S. Francisco
27 Capilla de las Doncellas
28 Capilla de los Evangelistas
29 Capilla del Pilar
30 Capilla de S. Pedro
31 Capilla de la Concepción Grande
32 Capilla del Mariscal
33 Capilla de S. Andrés
34 Capilla de Dolores
35 Grabmal des Christoph Kolumbus
36 Capilla de la Antigua
37 Capilla de S. Hermenegildo
38 Capilla de S. José

© MERIAN-Kartographie

Auf dem weiten Platz vor der Iglesia del Salvador herrscht sonntags ein reges Treiben.

C. de San Fernando, 2 (Parque María Luisa); Tel. 954 91 70 00; www.hotel alfonsoxiii.com

Giralda
→ Catedral de Santa María de la Sede, S. 57

Iglesia de Nuestra Señora de la O
⇢ S. 112, B 11

Im 17. Jh. erbaute Kirche mit einem hübschen, mit sevillanischen Kunstkacheln dekorierten Glockenturm. In der Kapelle befindet sich eine barocke Skulptur der Jungfrau mit dem Jesuskind, und am Hauptaltar ist ein Ensemble von Figuren vom Bildhauer Pedro Roldán erhalten, in dem die hl. Anna, die Jungfrau und der hl. Joachim dargestellt sind. Von Roldán stammt auch die Figur des Jesus von Nazareth.
C. de Castilla (Triana); tgl. 9–11, 19–21 Uhr, Messe tgl. 20 Uhr

Iglesia de San Luis
⇢ S. 110, B 7

Eine der schönsten Barockkirchen in Sevilla ist die Iglesia de San Luis, die zwischen 1699 und 1731 entstanden ist. Hervorstechende Merkmale sind die beiden oktogonalen Türme und die Kuppel aus grünen und weißen Ziegeln. In ihrem Aufbau und mit ihrer reich dekorierten Fassade erinnert sie an römische Barockbauten. Architekt war Leonardo de Figueroa, der mit zahlreichen anderen Werken das Bild Sevillas mitbestimmte.
Calle de San Luis, 37 (La Macarena); Mi–Do 9–14, Fr, Sa, 9–14, 17–20 Uhr

Iglesia de San Marcos ⇢ S. 110, B 8
Diese Kirche aus dem 14. Jh. weist einige Elemente im Mudéjarstil auf; so zum Beispiel der Turm, der an die Giralda erinnert und sich über dem ehemaligen Minarett erhebt. Auch die Dekoration des gotischen Portals, das zur Plaza de San Marcos hin liegt, weist Mudéjarelemente auf – ein Stil der mittelalterlichen spanischen Architektur, der sich an maurischen Vorbildern orientiert. Während der Restauration der Innenräume, die 1936 im Bürgerkrieg in Brand gesetzt und zerstört worden waren, stieß man auf bewundernswerte Hufeisenbögen.

Hotel Alfonso XIII – Iglesia de Santa Catalina

An dem hinter der Kirche gelegenen Platz befindet sich das Kloster der hl. Elisabeth, das **Convento de Santa Isabel**, das im 15. Jh. gegründet und im 19. Jh. zum Frauengefängnis umfunktioniert wurde. Erwähnenswert ist das Basrelief Mariä Heimsuchung von Andrés de Ocampo am barocken Portal der Klosterkirche.
Plaza de San Marcos, 10 (La Macarena); Zutritt zu den Messen 20, So auch 12 und 13 Uhr

Iglesia de San Pedro ⇢ S. 114, A 13
In dem Bau fließen verschiedene sevillanische Architekturstile zusammen: Neben den Mudéjar- und Barockelementen des Backsteinturms ist das Hauptportal, das auf Auftrag von Diego de Quesada 1613 der Kirche hinzugefügt wurde, ganz im barocken Stil gehalten. Im düsteren Innenraum der Kirche befindet sich eine Mudéjar-Holztäfelung. Die Ziegel der Dachgewölbe einer der Kapellen ist mit feinen geometrischen Ornamenten verziert.
C. Doña María Coronel, 1 (La Macarena); Messen 9, 11 und 20 Uhr

Iglesia del Salvador ⇢ S. 113, F 10
Als die Christen Sevilla von den Arabern zurückeroberten, stand an der Stelle dieser barocken Perle Sevillas eine der glanzvollsten Moscheen von Al-Andalus – und zugleich neben der von Córdoba diejenige, die am längsten erhalten blieb. Um 1172 hatte der islamische Architekt Ahmad Ben Basu mit dem Bau begonnen, nachdem der Vorgängerbau wohl durch Erdbeben stark beschädigt war. Der arabische **Patio de las Abluciones** an der Calle Córdoba ist bis heute teilweise erhalten. Die christlichen Eroberer weihten die Moschee umgehend ihrem Glauben; doch erst 1678 wurde sie abgerissen und Esteban García mit dem Bau der barocken Kirche beauftragt, die 1712 von Leonardo de Figueroa vollendet wurde. Das Hauptschiff ist das Werk von José Granada, dem Architekten der Kathedrale Granadas.

In der **Sakramentenkapelle** befindet sich ein Relief des Künstlers Juan Martínez Montañés, »Jesús de la Pasión« (Die Passion Christi, 1619). Durch eine Tür im Nordwesten der Kirche gelangt man in die Kapelle der Schutzlosen, **Capilla de los Desamparados**, und zum arabischen Hinterhof. Am Eingang der Calle Córdoba, auf den Überresten des arabischen Minaretts, steht der Glockenturm.
Plaza del Salvador (Santa Cruz); tgl. 18.30–21, Do 10–13.30 Uhr

Iglesia de Santa Ana ⇢ S. 116, C 17
Die bereits 1276 gegründete Kirche der hl. Anna ist eine der ersten, die in Sevilla nach der Reconquista errichtet und mehrmals umgestaltet wurde. Sie hat seit Jahrhunderten für Triana die gleiche religiöse Bedeutung wie die Kathedrale für alle Sevillanos.

Im Westteil befindet sich ein reich verziertes Altarbild aus dem 16. Jh., das auf Alejo Fernández zurückgeht. Das geweihte Wasser des **Pila de los Gitanos** (Taufbecken der Zigeuner) in der Taufkapelle beschenkt der Legende nach die Kinder der Gläubigen mit »duende« – der unabdingbaren Voraussetzung für einen wahrhaften Flamencosänger. Ein »duende« ist eigentlich ein Geist, ganz so wie er aus Aladins Lampe kommt. Für den Spanier bedeutet er Inspiration und Ausdruckskraft. Das Dachgewölbe der Kirche erinnert an die Kathedrale von Burgos, und möglicherweise ist sie das Werk desselben Architekten.
C. de la Pureza (Triana); tgl. vor und nach den Messen um 20 Uhr

Iglesia de Santa Catalina
⇢ S. 114, B 13
Diese Kirche aus dem 14. Jh. erhebt sich wie so viele auf den Resten einer Moschee. Der Mudéjarturm ist der Giralda nachempfunden, im Stil allerdings schlichter. Direkt an der Calle Alhóndiga liegt das gotische Portal der **Iglesia de Santa Lucía**, die 1930 zerstört wurde. Durch einen Hufeisen-

Die subtropische Parkanlage der Jardines de Murillo ziert ein Denkmal für den Entdeckungsreisenden Christoph Kolumbus.

bogen mit verschlungenen Ornamenten gelangt man ins Innere der Kirche.
C. de Santa Catalina (La Macarena); Mo–Fr 19–20, So 10.30–14.30 Uhr; Ausstellung tgl. 10–14 und 17–20 Uhr

Isla de la Cartuja ⇢ S. 108, 112

Auf dem Reißbrett war für die ehemalige Insel rund um das namensgebende Kartäuserkloster zur Weltausstellung von 1992 das neue Sevilla entstanden. Nach der Expo regierte eher Ratlosigkeit darüber, was man mit der Fusion aus futuristischen Pavillons und historischen Gebäuden am »anderen Ufer« des Guadalquivir nun anfangen solle. Seine endgültige Bestimmung scheint nun das **Monasterio Cartujo de Santa María de las Cuevas** (→ S. 63) gefunden zu haben, in das unlängst das **Centro Andaluz de Arte Contemporaneo** (→ S. 72) mit dem Museum für Gegenwartskunst eingezogen ist.

Dorthin gelangt man auf der Brücke **La Pasarela**, neben der **Puente de la Barqueta** weiter nördlich eines der beiden Brückenkunstwerke Santiago Calatravas in Sevilla. Während der westliche Teil der Expo-Pavillons nun **Parque Científico y Technológico** heißt und als Areal von Firmen und Forschungseinrichtungen der Universität genutzt wird, sucht man für eine Reihe weiterer Pavillons noch ergebnislos nach einer neuen Bestimmung.

So schloss der Kulturkomplex Espacio Cultural Puerta Triana unlängst wieder seine Pforten, emblematische Gebäude wie etwa der **Pabellón de la Navegación** oder der **Pabellón de los Descubrimientos** sind bis auf weiteres nur von außen zu besichtigen, und auch das dreidimensionale Kino **Omnimax** bleibt vorerst geschlossen.

Neben der Kunst im alten Kartäuserkloster bietet die einstige Insel zwischen den Armen des Guadalquivir heute Kindern und Erwachsenen mit dem Vergnügungspark **Isla Mágica** (→ Familientipps, S. 48) eine kurzweilige und erfrischende Möglichkeit, sich in die Zeit der Entdeckung Amerikas versetzen zu lassen. Hier findet man mit der **Torre Panorámica Schindler** (→ MERIAN-Tipp, S. 65) auch eine vortreffliche Möglichkeit, sich einen Rundblick über Sevilla zu verschaffen.

Isla Mágica – Vergnügungspark »Magische Insel«

Der Kernbereich der Cartuja-Insel, wo 1992 die Weltausstellung stattfand, dient heute als Vergnügungspark (→ Familientipps, S. 48).

Jardines de Murillo
⇢ S. 114, B 16 und S. 118, B 21

Die Gärten, die den Namen des sevillanischen Malers Esteban Murillo (1618–1682) tragen, liegen an der Avda. Menéndez Pelayo und grenzen an die Mauern der Reales Alcázares und an das Barrio Santa Cruz. Sie sind so klein wie farbenfroh, und die Sitzbän-

Iglesia de Santa Catalina – Monasterio Cartujo de Santa María de las Cuevas

ke mit hübschen Kacheln, die mit Palmen umsäumten Wege und die angenehmen Terrassen laden zu einem gemächlichen Spaziergang oder einer Ruhepause ein. Der Hauptweg führt zu einem Christoph Kolumbus gewidmeten Denkmal, in dem in einem Bronzeguss die **Karavelle Santa María** dargestellt ist, mit der dieser 1492 die Neue Welt erreichte. An der Ecke des Parks, die an der Universitätsstraße Calle San Fernando liegt, befindet sich das bekannte **Café España**.

Santa Cruz

La Macarena
⸺ S. 109, F 3–4 und S. 110, A/C 5–8

Für zahlreiche Besucher Sevillas beschränkt sich die Stadt auf das Judenviertel und eventuell noch auf Abstecher ans Flussufer von El Arenal und hinüber ins Barrio de Triana. Der Norden Sevillas scheint hingegen keine große Anziehungskraft auszuüben. Zu Unrecht: Das Viertel La Macarena stellt nicht nur eine einzigartige Mischung aus zum Teil verfallenen Kirchen im Barock- oder Mudéjarstil, authentischen Tapas-Bars und verborgenen Gassen dar. Zur Macarena gehört auch die Platanenallee **Alameda de Hércules** (→ S. 53), einer der Haupttreffpunkte der Boheme mit vielen Cafés und Nachtbars, wo sonntags ein **Flohmarkt** 👥 stattfindet.

Dieser Stadtteil beherbergt aber auch die berühmte, etwas verkommene **Calle Feria** mit Buchantiquariaten, Stoffläden und Bars, die sich donnerstags ebenfalls in einen bunten Markt verwandelt und Bilder und Düfte vermittelt, die kein touristisches Massenprogramm bieten kann.

Die vielen Gesichter der Macarena überdecken allerdings selten den religiösen Grundtenor des Viertels, das seinem Namen alle Ehre macht: die **Virgen de la Esperanza Macarena**, die Jungfrau der Hoffnung, ist die verehrteste Heilige der Stadt, deren Bildnis in der gleichnamigen Basilika untergebracht ist (→ S. 56). Wenn heute die Virgen de la Esperanza Macarena am Gründonnerstag zur Prozession auf die Straße getragen wird, begleiten sie über 2000 Furcht einflößende Gestalten mit Kapuzen – ein Brauch, der sich in der Zeit der Glaubenskriege und der Inquisition gebildet hatte.

Die Mehrzahl der Kirchen und Klöster sowie viele der Bewohner der Macarena bewahren auch heute noch den Geist eines traditionellen Sevillas, in dem die Familie und der Kirchgang noch einen hohen Stellenwert haben. Sehenswert ist vor allem das **Convento de Santa Paula** (→ S. 58), eines der wenigen Klausurklöster, dessen Tore auch Besuchern offen stehen, sowie **San Pedro** und das einstige Krankenhaus **Hospital de las Cinco Llagas**.

Monasterio Cartujo de Santa María de las Cuevas
⸺ S. 108, A 3–4

Der Komplex dieses ehemaligen Kartäuserklosters bildet heute eine spannende Stil-Fusion, in der barocke Elemente, frühindustrielle Architektur und Avantgarde ineinandergreifen. Neben dem Besuch des Klosters, das man über Santiago Calatravas Brücke La Pasarela erreicht, ist hier die Galerie für Gegenwartskunst **Centro Andaluz de Arte Contemporaneo** (→ S. 72) zu besichtigen.

Die Klosteranlage selbst wurde im 15. Jh. auf Resten einer Einsiedelei und arabischer Keramikwerkstätten erbaut. Kolumbus lebte und arbeitete hier, von 1509 bis 1538 befanden sich seine Gebeine in der Krypta der Klosterkirche. Bedeutende Werke der sevillanischen Schule entstanden im Auftrag der Kartäusermönche, darunter Gemälde von Zurbarán und Marínez Montañez, die heute im Museo de Bellas Artes ausgestellt sind.

Nach dem Einmarsch der napoleonischen Truppen wurden die Mönche 1836 vertrieben, 1841 verwandelte der britische Händler Charles Pickman den Komplex in eine Keramik- und Porzellanfabrik. Die Öfen, Schornsteine und Hallen aus dieser bis 1982 an-

dauernden Tätigkeit bilden eine Sehenswürdigkeit des Industriezeitalters.
Pasarela de la Cartuja; Tel. 955 03 70 70;
Di–Fr 10–20, Sa 11–20, So 10–15 Uhr;
Eintritt 5,01 €

Monasterio de San Clemente
⤑ S. 109, E 2

Hinter den Mauern des Klosters des hl. Klemens, das kurz nach der Eroberung Sevillas 1248 von König Fernando III. »dem Heiligen« gegründet wurde und in dem die Stilarten diverser Epochen vom 13. bis zum 18. Jh. verschmelzen, befindet sich ein Kreuzgang mit Palmen, Obstbäumen und Arkaden. In der Kirche, die nur während der Messen betreten werden kann, sind Kunstschätze wie eine Mudéjartäfelung, Kunstfliesen von 1558, ein Altarbild von Felipe de Rivas und Fresken von Valdés Leal und seinem Sohn Lucas Valdés zu bestaunen.
C. Yuste (La Macarena); Mo–Sa 8–14,
So 9–14 Uhr

Murallas
⤑ S. 110, B/C 6 und S. 117, E/F 17

Noch sind einige Reste der alten Stadtmauern vorhanden, die Sevilla längs der heutigen Calles Andueza und Muñoz León umgaben. Die Reste beginnen an der Basilika der hl. Macarena. Im Osten stoßen sie an die gotische **Iglesia de San Hermenegildo**, benannt nach dem Westgotenkönig, der der Legende nach hier gemartert wurde. Im äußersten Westen der Kirche finden sich Reste arabischer Säulen.

Als die ursprüngliche Stadtmauer der Römer im 12. Jh. von den Almohaden verstärkt wurde, bestand sie aus mehr als 100 Türmen, von denen drei erhalten sind. Außer der bekannten **Torre del Oro** (→ S. 82) am Ufer des Guadalquivir ist mit der nahe gelegenen **Torre de la Plata** ein weiterer architektonisch wertvoller Rest der Stadtmauer erhalten geblieben. Der Turm grenzt an die Calle Santander. Folgt man dieser Straße weiter, gelangt man zwischen der Avenida de la Constitución und der Calle de Santo Tomás zur **Torre de Abd al-Azis**.
La Macarena und El Arenal

Olympiastadion ⤑ S. 108, nördl. A 1

Das Olympiastadion Sevillas, dessen Bau rund 18 Mio. Pesetas gekostet hat, grenzt an das ehemalige Expo-Gelände. Sevilla bewirbt sich seit der Expo als Olympiastadt – zuletzt 2008 –, doch ohne Erfolg. Für die Einweihung mussten daher die Leichtathletik-Weltmeisterschaften 1999 genügen. Das achteckige Stadion, entworfen von den sevillanischen Architekten Antonio Cruz und Antonio Ortiz, ist umgeben von vier turmförmigen Gebäuden und bietet 60 000 Zuschauern Platz. Zwei der »Türme« dienen als Hotel und als Einkaufs- und Freizeitzentrum.
Triana

Palacio de San Telmo ⤑ S. 117, F 18

Der Palast stammt aus dem Jahr 1682 und diente zunächst als Schule für Matrosen, Seefahrer und höhere Offiziere. Mit seinen überreichen Verzierungen am Portal dominiert er das Straßenbild. Er ist dem hl. Telmo, dem Schutzpatron der Matrosen, gewidmet. 1849 wurde der Bau Residenz der Grafen von Montpensier, bis 1893 gehörten die Anlagen des María-Luisa-Parks mit zum Palast. Heute dient er als Sitz der Junta de Andalucía, der andalusischen Regionalregierung.

Das charakteristischste Merkmal des Gebäudes ist das barocke Portal, das an der Avda. de Roma liegt und 1734 von Antonio Matías de Figueroa vollendet wurde. Die ionischen Säulen sind von Skulpturen von Persönlichkeiten aus Kunst und Wissenschaft umgeben. Die Fassade, die an die Avda. de Palos de la Frontera grenzt, ist mit Bildnissen berühmter Sevillaner wie Murillo, Velázquez und Martínez Montañés dekoriert, die aus der Hand des Künstlers Susillo stammen.
Avda. de Roma (Parque María Luisa);
Tel. 955 03 55 00; Führungen für Gruppen nur mit Voranmeldung

Parlamento de Andalucía

······❯ S. 110, B 5

Das andalusische Parlament tagt im ehemaligen Krankenhaus **Hospital de las Cinco Llagas**, das 1500 von Catalina de Ribera nahe der heutigen Casa de Pilatos gegründet wurde. 40 Jahre später begannen die Bauarbeiten des bald größten Hospitals Europas, das 1613 fertiggestellt wurde und über 1000 Betten verfügte.

Die südliche Fassade des Gebäudes, dessen barockes Portal von Asensio de Maeda entworfen wurde, ist im Renaissancestil gehalten. Die manieristische Kirche aus dem 16. Jh., Zentrum des Gebäudes und heute ein nüchterner Saal, in dem die Debatten des Parlaments stattfinden, geht auf Hernán Ruiz el Joven zurück.

Plaza de la Macarena (Santa Cruz); Besuche von Gebäude oder Parlamentsdebatten nur nach Voranmeldung unter www.parlamentodeancalucia.es, Formular unter »Parlamento Abierto«, »Visita el Parlamento«

Parque del Alamillo

······❯ S. 109, nordwestl. F 1

Dieser moderne Park liegt außerhalb des Zentrums im Norden der **Isla de la Cartuja** und erstreckt sich über 47 ha; eine Erweiterung auf 80 ha ist geplant. Es handelt sich, im Gegensatz zu Anlagen wie dem Parque de María Luisa oder den Murillos-Gärten, um die grüne Lunge Sevillas, dank Picknickmöglichkeiten und Spielplätzen ideal für Familien und ausgedehnte Spaziergänge geeignet. Während des Sommers finden zahlreiche Aktivitäten wie Mal-, Theater-, Tanz- oder Bastelkurse für Kinder 👨‍👧 statt sowie Vorlesungen oder Werkstätten rund um Ökologie, Gesundheit oder Kultur.

La otra Orilla

Parque de María Luisa

······❯ S. 118, B/C 23–24

Der Parque de María Luisa, der wohl bekannteste Park der Stadt, geht in seiner heutigen Gestaltung auf die Iberoamerikanische Weltausstellung von 1929 zurück. Ursprünglich gehörte er zum Palacio de San Telmo, bis die Prinzessin María Luisa Fernanda von Orléans ihn 1893 der Stadt stiftete. 1913 begann die Restaurierung unter dem französischen Architekten Forestier, um die Anlagen dem Publikum zugänglich zu machen und sie auf die Weltausstellung vorzubereiten.

Seit dieser ersten Expo von Sevilla stehen hier verschiedene Gebäude und Pavillons, die heute teilweise als Museen dienen: **Museo de Artes y Costumbres Populares** (→ S. 72), **Museo Arqueológico** (→ S. 72) an der Plaza de América. Skulpturen erinnern an sevillanische und spanische Persönlichkeiten, u. a. das 1911 errichtete, dem Dichter Gustavo Adolfo Bécquer gewidmete Denkmal an der Glorieta de Bécquer vom Bildhauer Lorenzo Coullaut oder ein Monument für Prinzessin María Luisa des Bildhauers Pérez Comendador (1928). Für den Hunger sei hier eine Tapa oder Ración in der **Bar Manolo León** südwestlich der Glorieta de Covadonga empfohlen (C. Juan Pablos, 8).

MERIAN-Tipp

Sevilla von oben

Auch wenn 70 Höhenmeter zu überwinden sind: Der Aufstieg zur **Glockengalerie der Giralda** muss einfach sein. Doch dass erst der ein richtiger Sevillaner wird, der einmal hoch zu Ross hinauf auf die Giralda geritten ist, bleibt Legende (tgl. 10.30–17, So 10.30–13.30 und 14–16 Uhr). Wer die Giralda lieber »Auge in Auge« betrachten möchte, setzt sich entweder in die **Achterbahn der Isla Mágica** oder fährt – diesmal per Fahrstuhl – hinauf auf die **Torre Panorámica Schindler**, den Aussichtsturm aus Expo-Zeiten, der heute zum Vergnügungspark Isla Mágica gehört.

Information unter Tel. 9 02 16 17 16

Zu Muße und einem Blick zurück in die Geschichte laden die kunstvoll gestalteten Gärten der Reales Alcázares ein.

Rund um den Parque de María Luisa
Der Park und die ehemalige Tabakfabrik, in der heute ein Teil der Universität untergebracht ist, prägen den südlichen Teil des Stadtzentrums. Hier befindet sich auch das **Hotel Alfonso XIII** (→ S. 15), das luxuriöseste der Stadt, mehrere historische Gebäude wie der **Palacio de San Telmo** (→ S. 64), das **Teatro Lope de Vega** (→ S. 41) sowie diverse Pavillons, die während der Iberoamerikanischen Weltausstellung von 1929 verschiedenen Ländern als Repräsentationsgebäude dienten.

Plaza de la Alfalfa ····⇾ S. 114, A 14
Damals wie heute fungiert diese Plaza als Marktplatz. Ehemals fand hier der Heumarkt statt, jetzt wird auf dem sonntäglichen Tiermarkt so ziemlich alles angeboten: Vögel, Schildkröten, exotische Fische oder sogar Seidenwürmer. Der gesamte Platz und seine Bars sind dicht bevölkert. Folgt man der **Calle Jesús de las Tres Caídas**, gelangt man an die kürzlich restaurierte **Iglesia de San Isidoro** aus dem 14. Jh., deren Säulengang (Fassade zur Calle San Isidoro) mit einem Mudéjarstern verziert ist. Im Inneren ist ein Relief des Künstlers Antonio Francisco Gijón aus dem 17. Jh. zu sehen, das Simon aus Kyrene darstellt.
Santa Cruz

Plaza del Triunfo ····⇾ S. 114, A 16
Der Platz liegt zwischen Kathedrale und Reales Alcázares und wurde als Zeichen der Dankbarkeit errichtet. Sevilla hatte das Erdbeben von 1755 überstanden, das vor allem in Portugal viele Städte und Dörfer dem Erdboden gleichgemacht hat. Die Sevillaner führten die geringen Schäden in ihrer Stadt auf ihre Verehrung der Jungfrau Maria zurück und errichteten ihr zu Ehren eine barocke Säule direkt neben dem Archivo de Indias.
Santa Cruz

Plaza de la Virgen de los Reyes
····⇾ S. 114, A 16
Der geeignetste Ort, um die Giralda zu bewundern, ist wohl dieser Platz, der an die Kathedrale grenzt. Sevillanischer kann es kaum zugehen: Hier verkaufen Zigeunerinnen Blumen, Kutscher bieten Rundfahrten an, und in der Mitte des Platzes befindet sich ein Brunnen, der zu Beginn des 20. Jh. von José Lafita erbaut wurde und dessen groteske Figuren Kopien der romanischen Originale sind, die sich in der Casa de Pilatos befinden. Im Norden des Platzes erhebt sich der barocke **Palacio Arzobispal** (Palast des Erzbischofs), der während der napoleonischen Besatzung als Kommandantur diente und wo heute Bilder von Zurbarán und Murillo zu bewundern sind. Auf der anderen Seite des Platzes erstreckt sich der **Convento de la Encarnación**.
Santa Cruz

Reales Alcázares

⟶ S. 67 und S. 114, A 16

Im Jahr 1364 ließ Pedro I, der den Beinamen der Grausame trägt und dennoch bei den Sevillanos sehr beliebt war, diese Königsresidenz innerhalb der almohadischen Paläste der Stadt im Mudéjarstil anlegen. Trotz der kriegerischen Auseinandersetzungen zwischen arabischen und kastilischen Herrschern und Heeren war der kulturelle Austausch rege. Architekten aus Toledo und dem damals noch maurischen Granada gestatteten es Pedro I schon zwei Jahre später, wie in »Tausendundeiner Nacht« zu residieren. An gleicher Stelle sollen zuvor u. a. eine römische Akropolis,

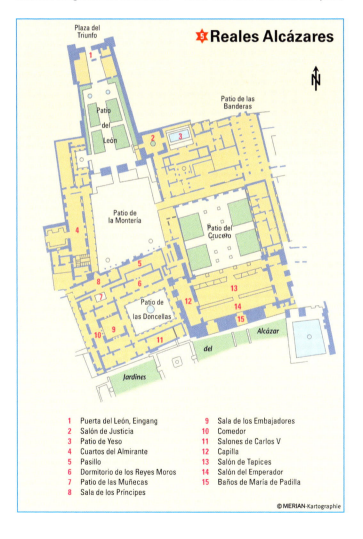

1 Puerta del León, Eingang
2 Salón de Justicia
3 Patio de Yeso
4 Cuartos del Almirante
5 Pasillo
6 Dormitorio de los Reyes Moros
7 Patio de las Muñecas
8 Sala de los Príncipes
9 Sala de los Embajadores
10 Comedor
11 Salones de Carlos V
12 Capilla
13 Salón de Tapices
14 Salón del Emperador
15 Baños de María de Padilla

© MERIAN-Kartographie

Die Plaza del Triunfo ist ein weiter Platz zwischen Kathedrale (→ S. 57) und Alcázares (→ S. 67), in ihrer Mitte das Denkmal für den Glauben an die Unbefleckte Empfängnis.

eine frühchristliche Basilika und eine arabische Burg gestanden haben.

Im 11. Jh. hatten hier die Taifen ihren Alcázar, eine Stadtfestung, errichtet, die im 12. Jh. von den Almohaden erweitert wurde und deren Überreste noch im **Patio del Crucero** und im **Patio de Yeso** erhalten sind. Nach dem Tode von Pedro I dienten Isabel I die Reales Alcázares von Sevilla zunächst als Ausgangspunkt ihrer kriegerischen Expeditionen gegen Granada. Später, als die ersten Reichtümer aus der Neuen Welt eintrafen, wurden sie zum Hauptsitz der Katholischen Könige. Auch Karl V., habsburgischer Kaiser des sprichwörtlichen Reiches, in dem die Sonne nie unterging, trug im 16. Jh. mit den **Salones de Carlos V** Architektonisches zu den königlichen Alcázares bei: Mit ihren wertvollen Teppichen und prachtvollen Azulejos (Kacheln nach maurischem Vorbild) geben sie Zeugnis von dem außergewöhnlichen Geschmack des Herrschers. Mit seinem Sohn Felipe II, der Madrid zur Hauptstadt des Reiches machte, begann Mitte des 16. Jh. der Niedergang Sevillas. Zwischen den Gebäuden der Alcázares liegen kunstvolle Gärten mit Terrassen, Brunnen und Pavillons sowie zahlreiche Patios. Zur Entspannung lädt ein hübsches Café mit schattiger Terrasse.
Plaza del Triunfo (Santa Cruz); www.patronato-alcazarsevilla.es; April–Sept. Di–Sa 9.30–19, So/Fei 9.30–17, Okt.–März Di–Sa 9.30–17, So/Fei 9.30–13.30 Uhr; Eintritt 7 €

Torre de Don Fadrique/Convento de Santa Clara
→ S. 109, E 2–3

Einer der ungewöhnlichsten historischen Orte Sevillas ist zweifellos der Torre de Don Fadrique im Kloster der hl. Clara, das 1260 gegründet und im 15. Jh. neu errichtet wurde. Im schattigen Patio mit Orangenbäumen und Springbrunnen diente dieser Turm aus dem Jahr 1252 dem Adeligen Don Fadrique zur Verteidigung seines damaligen Palastes. Der Eingang zum Hof (16. Jh.) gehörte zur ersten Universität Sevillas.

C. Santa Clara, 40 (La Macarena); wegen Renovierung geschl.; Infos unter Tel. 010

Torre del Oro ---> S. 117, E 17
→ S. 82

Triana ---> S. 112, BC 11–12 und S. 116, A–D 17

Auf der anderen Seite des Flusses Guadalquivir stoßen Vergangenheit und Zukunft Sevillas aufeinander. Spaziert man über die Brücke von Isabel II, im Volksmund **Puente de Triana** genannt, hat man linker Hand einen wunderschönen Blick auf das Stadtviertel Triana, dessen alte, farbenfrohe Häuser besonders in den Morgenstunden oder auch am späten Nachmittag im Licht des glitzernden Guadalquivir einen fast unwirklichen Zauber ausüben. Die **Calle Betis** mit ihren zahlreichen Bars und Restaurants ist eine der bekanntesten Straßen des Stadtviertels, die sich besonders in Sommernächten in einen summenden Treffpunkt von Jung und Alt aus aller Welt verwandelt. Tagsüber scheint sie sich freilich in einer Art lähmender Ruhe von der Nacht zu erholen, ganz im Gegensatz zur **Calle San Jacinto**, der Verlängerung der Brücke von Triana, wo schon am frühen Morgen geschäftiges Treiben herrscht.

Im sogenannten Zigeunerviertel Sevillas, aus dem einige bekannte Stierkämpfer und Flamencotänzer stammen, findet man auch heute noch viele Sevillaner, die in der nahe gelegenen Luft- und Raumfahrtindustrie arbeiten. Lärmend geht es in den rustikalen Bars schon beim Frühstück zu. Blassgesichtige Jugendliche sitzen in modernen Cafés, wie beispielsweise dem **Sonanta**, mit einem schwarzen Kaffee, um ihren Kater zu bekämpfen. Wer Impressionen eines typischen Andalusien sucht, findet sie in den wenigen kleinen Straßen rund um die **Calle Pelay y Correa**, mit ihren weißen Häusern mit bewachsenen Balkonen und Blumen. Unverzichtbar ist der Besuch der zahlreichen Keramikwerkstätten Trianas. Mit dem Turm der **Iglesia de Nuestra Señora de la O** (→ S. 60) wurde diesem traditionellen Erwerbszweig des Stadtviertels im 17. Jh. ein Denkmal gesetzt. In der **Calle de Castilla**, in der wir die Kirche finden, stand das Castillo, das den Zugang zur Brücke von Triana schützte und in dem die hl. Inquisition ihren Sitz hatte. Deftige, aber gute Tapas erwarten uns hier im **Sol y Sombra** (C. Castilla, 151).

Die **Iglesia de Santa Ana** (→ S. 61) aus dem 13. Jh. ist für die Einwohner des Stadtviertels unangefochten die Nummer eins unter den Kirchen, noch vor der Catedral de Santa María.

Universidad / Real Fábrica de Tabacos
---> S. 118, A 22

In der einstigen Königlichen Tabakfabrik wurden drei Viertel der Zigarren produziert, die in Europa geraucht wurden. Heute gehört das Gebäude zur Universität Sevillas. Der Komplex, nach El Escorial der größte Spaniens, wurde von 1728 bis 1771 gebaut. Der Graben, der ihn umgibt, sowie die Wachtürme bezeugen, wie wichtig man seinerzeit das königliche Tabakmonopol nahm. Rechts vom Haupteingang an der Calle San Fernando liegt das einstige Gefängnis: Dort verwahrte man jene Arbeiter, die heimlich Tabak gestohlen hatten. Links davon die Kapelle, die heute für Studenten der Universität geöffnet ist.

Der Haupteingang ruft die Entdeckung des Tabaks in der Neuen Welt in Erinnerung, mit Büsten von Christoph Kolumbus und Hernán Cortés. Dieser Teil der Fabrik diente als Wohnbereich und ist von kleinen Patios umgeben. Weiter vorne gelangt man zu den Werkstätten, in denen die zuvor auf dem Dach getrockneten Tabakblätter gemahlen wurden. Diesem Umfeld entnahm der Franzose Prosper Mérimée die Figur der Carmen als Vorbild für seine Romanfigur.

C. de San Fernando, 4 (Parque María Luisa); www.us.es; Mo–Fr 8–20.30 Uhr

Museen und Galerien

Ganz Sevilla ist eigentlich ein Museum. Das goldene Zeitalter findet sich auch in den Ausstellungen.

Die Kunst des »goldenen Zeitalters«, ausgestellt in der barocken Pracht des Museo de Bellas Artes (→ S. 72). Raum V beherbergt eine einzigartige Murillo-Sammlung.

Archivo General de Indias – Casa de Pilatos

Das **Hospital de la Caridad,** wie es kurz genannt wird, steht stellvertretend für die Stadt. Genauer müsste man sagen: »La Muy Humilde Hospitalidad de la Santa Caridad de Nuestro Señor Jesucristo en el Rito de la Muerte Expiadora«. Gegründet wurde die »zutiefst Bescheidene Herberge der heiligen Barmherzigkeit unseres Herrn Jesus Christus im Ritual des Todes, der hinwegnimmt die Sünden der Welt« von niemandem Geringeren als Don Juan – alias Miguel de Mañara (1626 1679). Sein Leben und seine Figur bilden die Vorlage für Stücke der Weltliteratur, so bei Tirso de Molina, Mozart, Molière, Byron, Zorilla und Shaw. Als nicht ganz so bescheiden entlarvt sich dieses Hospital nach genauerem Studium: Hinter seiner prächtigen barocken Fassade schwelgt man im kunstvollen Zauber reich dekorierter Patios und findet schließlich in der Kirche die barocken Meisterwerke »Finis Gloriae Mundi« und »In Ictu Oculi« von Valdés Leal. Die sechs Glanzstücke von Murillo tun ihr Übriges, um den Kunstgenuss vollkommen zu machen. »Leben, als hätte man nur ein paar Tage«: Nichts verkörpert diese sevillanische Weisheit besser als jener Ort des barocken Lebensgefühls und der Vergänglichkeit (→ MERIAN-Tipp, S. 75).

Der Kunstliebhaber sollte keinesfalls das **Museo de Bellas Artes** auslassen, in dem wertvolle Gemälde von Diego de Silva y Velázquez und vielen anderen Künstlern des goldenen Zeitalters hängen. Die Gegenwartskunst ist ebenfalls präsent, wenn auch Sevilla in der zeitgenössischen Malerei eine eher bescheidene Rolle spielt.

Kunst nicht nur zu mögen, sondern auch zu kaufen, ist in Sevilla wie auch sonst in Spanien kein ausgeprägter Luxus. Gerade Werke junger Künstler liegen deutlich unter mitteleuropäischen Preisen. In Sevilla finden sich erstaunlich viele Galerien, wenn auch meist versteckt. Während sich die spanische Galerieszene mit renommierten Namen derzeit auf Madrid und Barcelona konzentriert, finden in Sevilla eher lokale Künstler ihre Plattform. Neben gegenständlichen wie abstrakten Kunstrichtungen gibt es jedoch auch Kitsch.

Museen
Archivo General de Indias
⇢ S. 113, F 12

Wer sich für die Geschichte und Entdeckung Amerikas interessiert, wird hier fündig. Faszinierende Dokumente wie etwa Briefe von Cortés, Kolumbus oder Cervantes geben Einblick in einen der wichtigsten Aspekte der spanischen Geschichte. Das Bauwerk, im 16. Jh. entstanden, diente zeitweilig auch als Handelsbörse. In der jüngst wiedereröffneten **Sala de Exposiciones** werden außer den Gemälden Francisco de Goyas aus dem Fundus des Archivo höchst interessante Sonderausstellungen gezeigt.
Avda. de la Constitución, 3 (Santa Cruz); Tel. 954 50 05 28; www.mcu.es/archivos/ MC/AGI/index.html; Nutzung des Archivs Mo–Fr 8–15 Uhr, Ausstellungen Mo–Sa 9–16, So 10–14 Uhr; Eintritt frei

Casa de la Condesa de Lebrija
⇢ S. 113, F 10

Der »Wohnsitz der Gräfin von Lebrija« im Herzen Sevillas gehört den Nachfahren besagter Edeldame, das Erdgeschoss kann man besichtigen. Das Gebäude wurde im 15. und 16. Jh. vornehmlich im Mudéjarstil errichtet. Den Zugang von der Calle Cuna her verwehren außerhalb der Besuchszeiten prächtige Eisengitter. Im Innern findet man viele römische Artefakte aus den Ruinen Itálicas (→ S. 86).
C. Cuna, 8 (Santa Cruz); Tel. 954 21 81 83 und 954 22 78 02; www.palaciodelebrija. com; Mo–Fr 10.30–13 und 16.30–19 (Sommer 17–19.30), Sa 10–13 Uhr; 6,60 €

Casa de Pilatos
⇢ S. 114, B/C 14

Der erste Markgraf der Stadt Tarifa unternahm 1518 eine Reise, die ihn in diverse europäische Länder und schließlich ins Heilige Land führte. Nach seiner Rückkehr, fasziniert von der späten italienischen Renaissance und ihrer Architektur, prägte er eine neue Ästhetik in Spanien und errichtete u. a. die Casa de Pilatos, deren Vorbild die Residenz von Pontius Pilatus in Jerusalem ist. Heute residiert hier die Grafenfamilie von Medinaceli, das Gebäude gilt als einer der außergewöhnlichsten Paläste Sevillas.

Verschiedene Besitzer hinterließen ihre architektonischen Spuren und Sammlerstücke: Kacheln und Patios im Mudéjarstil sowie gotische Balustraden sind hier ebenso zu bewundern wie die Kopie einer griechischen Skulptur der Göttin Athene, wunderschöne Kuppeln und Decken, historische Reliefs oder auch ein Brunnen aus Genua (→ S. 80).

Plaza de Pilatos, 1 (Santa Cruz); Tel. 954 22 52 98; tgl. 9–19 (Erdgeschoss), 10–14 und 16–18 Uhr (1. Stock); Eintritt 8 €, Di 13–17 Uhr EU-Bürger frei

Centro Andaluz de Arte Contemporáneo ····> S. 108, A 3–4

Sevillas Museum für Gegenwartskunst ist unlängst in das einstige Kartäuserkloster (Monasterio Cartujo → S. 63) gezogen. Wechselnde Ausstellungen.

Pasarela de la Cartuja, s/n; Tel. 955 03 70 70; www.juntadeandalucia.es/cultura/caac; Di–Fr 10–21 (Winter bis 20 Uhr), Sa 11–21 (20 Uhr), So 10–15 Uhr; Eintritt 1,80 € (Besichtigung mit Kloster 3,01 €)

Museo Arqueológico
····> Umschlagkarte hinten, c4

Der vergangene Reichtum Sevillas spiegelt sich in diesen prähistorischen, romanischen, tartessischen, gotischen und arabischen Schätzen wider. Hier befindet sich auch der atemraubende tartessische Schatz von Carambolo: Die Goldschmiedearbeiten aus dem 6. bis 8. Jh. fand man 1958 durch Zufall bei Bauarbeiten auf dem Hügel von Castilleja de la Cuesta. Auch Funde aus den Ruinen von Itálica (→ S. 86) sind ausgestellt.

Plaza de América (Parque María Luisa); www.juntadeandalucia.es/cultura/museos; Di 14.30–20.30, Mi–Sa 9–20.30, So 9–14.30 Uhr, Mo geschl.; Eintritt 1,50 €, EU-Bürger frei

Museo de Artes y Costumbres Populares ····> Umschlagkarte hinten, c4

Das Museum für volkstümliche Kunst und Bräuche befindet sich im Pavillon Mudéjar, errichtet für die Weltausstellung 1929. Es beherbergt eine interessante ethnologische Sammlung: Trachten, Kutschen, Musikinstrumente, Teppiche, Malereien und Nachbildungen von Wohnstätten.

Plaza de América (Parque María Luisa); www.juntadeandalucia.es/cultura/museos; Di 14.30–20.30, Mi–Sa 9–20.30, So 9–14.30 Uhr, Mo geschl.; Obergeschoss vorübergehend wg. Umbau nicht zugänglich; Eintritt 1,50 €, EU-Bürger frei

Museo de Bellas Artes
····> S. 112/113, C/D 9–10

1839 gegründet, handelt es sich nach dem Museo del Prado in Madrid um die zweitwichtigste, wenn auch wesentlich kleinere Pinakothek Spaniens. Gezeigt werden Schätze der spanischen Kunst vom Mittelalter bis zur Gegenwart. Außer Gemälden der spanischen Meistermaler El Greco und Velázquez liegt der Schwerpunkt der Sammlung auf Werken sevillanischer Künstler wie Roelas, dessen Schüler Zurbarán, Pacheco, Murillo und Juan Valdés Leal.

Eine wichtige Rolle in der sevillanischen Bildhauerkunst spielte die Terracotta-Darstellung des »Heiligen Hieronymus als Büßer« (San Jerónimo Penitente) von 1528, ein Renaissance-Meisterwerk des Florentiners Torrigiano. Es sollte Vorbild und Inspiration vieler barocker Heiligenbilder und Kreuzwegdarstellungen werden, die heute zu Sevillas lebendigem kulturell-religiösen Erbe gehören. Allein das Gebäude, der einstige **Convento de la Merced Calzada**, lohnt eine Besichtigung.

Museo de Bellas Artes

Obergeschoss

Erdgeschoss

Plaza del Museo

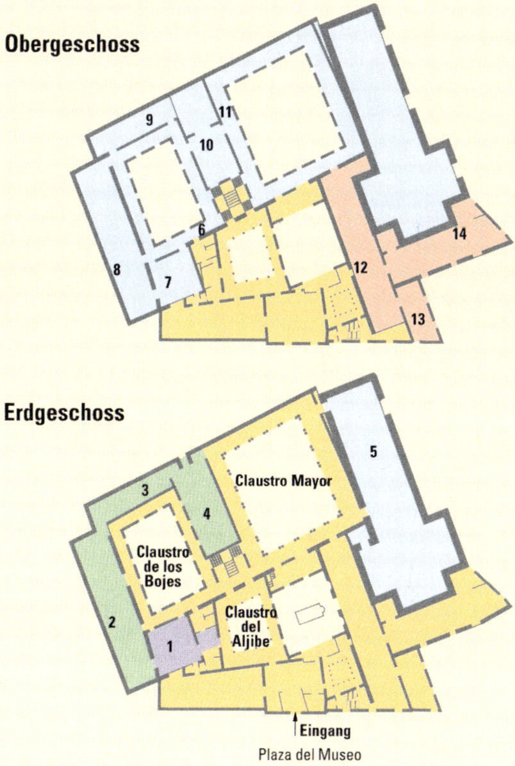

Erdgeschoss

1. Span. Kunst des Mittelalters. Sevillanische Malerei und Plastik des 15. Jh. (P. Millán, J. Sánchez de Castro)
2. Kunst der Renaissance (Torregiano, A.Fernández, M. de Vos, El Greco, L. Cranach)
3. Altargemälde (F. Pacheco, Velázquez, A. Cano)
4. Manierismus; Gemälde aus dem Kloster „La Merced Calzada"; Skulpturen
5. Murillo und die Sevillanische Schule des 17. Jh.

Obergeschoss

6. Spanischer und Sevillanischer Barock (J. de Ribera, F. Herrera)
7. Schule des Murillo (Osorio, N. de Villavicencio, S. Gutiérrez)
8. J. de Valdés Leal Torrigiano (Szenen aus dem Leben des Hl. Hieronymus)
9. Europäische Barockmalerei des 17. Jh.
10. F. de Zurbarán (Werke aus dem Kloster „La Cartuja")
11. Span. und Sevillanische Malerei des 18. Jh.
12. Malerei des 19. Jh. (G. Bilbao, J. Villegas)
13. Sevillanische Romantik (Esquivel, G.de la Vega, D. Bécquer)
14. Werke des 20. Jh. (Bacarisas)

- Mittelalter
- Renaissance
- Barock
- 19. und 20. Jh.

© MERIAN-Kartographie

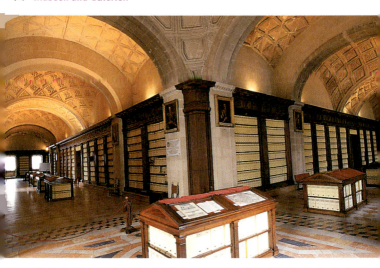

Wertvolle Bücher und alte Handschriften in einem imponierenden Rahmen: Das Archivo General de Indias (→ S. 71) ist ein Muss für jeden Geschichtsinteressierten.

Plaza del Museo, 9 (El Arenal); www.juntadeandalucia.es/cultura/museos; Di 14.30–20.30, Mi–Sa 9–20.30, So 9–14.30 Uhr, Mo geschl.; EU-Bürger Eintritt frei

Museo Marítimo ⇢ S. 117, E 17
In der **Torre del Oro** (→ S. 82) werden Gemälde, Karten, und Geräte aus der Geschichte der Seefahrt gezeigt.
Paseo de Cristóbal Colón s/n (El Arenal); Di–Fr 10–14, Sa, So 11–14 Uhr, Mo, Aug. geschl.; Eintritt 2 €, Di frei

Museo Taurino de la Real Maestranza de Caballería de Sevilla
⇢ S. 113, D 12
Die Stierkampfarena an der Plaza de Toros de la Maestranza wurde 1761 erbaut und steht – neben der etwas älteren von Ronda – für den Übergang des Stierkampfs von einer adligen zu einer bürgerlichen Veranstaltung. Vor bis zu 12 500 Zuschauern läuteten hier Matadores aus dem Barrio de San Bernardo das goldene Zeitalter des klassischen, unberittenen Stierkampfes ein. Durch das westliche Tor, die **Puerta del Príncipe**, werden erfolgreiche Matadores im Triumph hinaus auf den Paseo de Colón getragen. Infos hierzu gibt es im Museo Taurino.
Paseo de Cristóbal Colón, 12 (El Arenal); www.realmaestranza.com; tgl. 9.30–20, Nov.–April bis 19, an Tagen mit Stierkampf bis 15 Uhr, Karfreitag, Weihnachten und Sonntage der Feria-Zeit geschl.; Eintritt 5 € (→ Sevilla Card, S. 103)

Galerien

Einen Führer für aktuelle Ausstellungen in Galerien und Stiftungen gibt es leider nicht. Einen guten Überblick verschafft www.guiadelocio.com (Sevilla), eine kommentierte Adressliste bietet auch http://sevilla.lanetro.com. Einen gedruckten Überblick bieten *El Giraldillo* und die Tageszeitungen. Hier eine Auswahl interessanter Galerien, Stiftungen und Kulturhäuser.

Antiguo Convento de Nuestra Señora de los Reyes ⇢ S. 114, C 14
Interessante Sonder- und Wanderausstellungen.
C. Santiago, 33; Tel. 955 06 54 37; Di–Sa 11–14 und 17–21, So 11–14 Uhr

Centro Cívico Casas de las Columnas
⇢ S. 117, D 17

Kunst- und Bürgerzentrum auf der anderen Seite des Flusses, in dem neben Kunst- und Fotografieausstellungen Kurse aller Art stattfinden.
C. Pureza, 79; Tel. 954 99 08 49; Programmanforderung: cc-lascolumnas@sevilla.org; Mo–Fr 9–21.30 Uhr

Centro Cívico las Sirenas
⇢ S. 109, F 3

Das innovative Bürgerzentrum liegt direkt an der Alameda. Ausstellungssäle mit interessanten, oft alternativen Arbeiten auch junger Künstler.
C. Alameda de Hércules (La Macarena); Tel. 954 90 12 01; Programmanforderung: cc-lassirenas@sevilla.org; Mo–Fr 10–21 Uhr

Fundación El Monte ⇢ S. 113, F 9
Diese Stiftung wartet mit einem interessanten Kulturprogramm und viel beachteten Ausstellungen auf.
C. Laraña, 4; Tel. 954 50 82 00; www.fundelmonte.es

Galería de Arte Haurie
⇢ S. 114, A 15

Die Galerie in einer Seitenstraße der Calle Mateos Gago ist genau die richtige Adresse, um die Werke von renommierten spanischen Künstlern der gegenständlichen Malerei kennenzulernen. Eher Konventionelles in Aquarell und Öl, Landschaftsmalerei und auch Vertreter des sogenannten Hyperrealismus.
C. Guzmán el Bueno, 9; Tel. 9 54 22 57 26; www.galeriahaurie.com; Mo–Fr 11–14 und 18–21 Uhr

Hospital de los Venerables
⇢ S. 114, A 16

Das Hospital de los Venerables (Krankenhaus der Hochwürden) wurde im 17. Jh. im Stadtviertel Santa Cruz als Residenz betagter Geistlicher errichtet und ist heute Sitz der Kulturstiftung **Focus-Abengoa** (→ S. 41). Das Gebäude umschließt einen rosafarbenen Patio, von dem aus Treppen in den ersten Stock führen. Die ins Gebäude integrierte Kirche mit Fresken von Juan de Valdés Leal und seinem Sohn Lucas Valdés sowie Skulpturen von Pedro Roldán ist ein Juwel der barocken Kunst und kann nur im Rahmen von Führungen besichtigt werden.
Plaza de los Venerables, 8 (Santa Cruz); Tel. 954 56 26 96; http://focus.abengoa.es; tgl. 11–13 und 17–19 Uhr

Isabel Ignacio ⇢ S. 113, D 12
Bilder, Bilder, Bilder … es duftet nach Ölfarbe. Geschmackvoll und freundlich, in der Nähe der Maestranza im Stadtteil El Arenal gelegen.
C. Velarde, 9 (El Arenal); Tel. 954 56 25 55; www.galeriaisabelignacio.com; Mo–Fr 11–14 und 18–21, Sa 11–14 Uhr, Juli-Mitte Sept. geschl.

Rafael Ortiz ⇢ S. 114, A 15
Klassiker der Moderne, Gruppe 57, und junge Künstler.
C. Mármoles, 12; Tel. 9 54 21 48 74; www.galeriarafaelortiz.com; Mo 18–21, Di–Fr 11–13.30 und 18–21, Sa 11–13.30 Uhr

---

MERIAN-Tipp
⑨ Hospital de la Caridad

Die karitative Stiftung, die heute u. a. eine bedeutende Gemäldesammlung beherbergt, ist vielleicht die Quintessenz von Sevilla; zumindest wenn man sich vom folkloristischen Bild feuriger Sevillana-Tänzerinnen und stolzer Toreros befreit. 1674 von Miguel de Mañara gegründet, der dem literarischen Don Juan Pate stand, markiert der Bau einen Wendepunkt: Längst hatte sich das höfische Leben nach Madrid verlagert, waren die Tage der Großmacht Spanien gezählt.

C. Temprado, 3; www.santa-caridad.org; Mo–Sa 10–13 und 15.30–18, So 9–13 Uhr, Fei geschl.
⇢ S. 113, E/F 12 und S. 117, F 17

Spaziergänge und Ausflüge

Wenn nicht gerade die Romería stattfindet, zeigt sich der Wallfahrtsort El Rocío als ein stilles Städtchen am Rand des Nationalparks Coto de Doñana (→ S. 84). Schon von weitem empfängt die blendend weiße Wallfahrtskirche die Besucher des kleinen Ortes.

Belebte Marktplätze, blumige Patios in malerischen Gassen oder römische Ruinen: Wofür man sich in und rund um Sevilla auch entscheidet – Zeit sollte man sich nehmen.

Auf den Spuren des Weltkulturerbes – Durch das historische Zentrum

Charakteristik: In Sevillas Zentrum kann man die schönsten von der UNESCO ausgezeichneten Baudenkmäler auf einem ausgedehnten Spaziergang besichtigen; **Dauer:** 1 3 Std., **Länge:** 1–2 km; **Einkehrmöglichkeiten:** Tapas-Bar Las Teresas (→ S. 26), C. de Santa Teresa, 2; **Karte:** → S. 113 und 114

Mit dem **Archivo General de Indias** (→ S. 71) hat man eine der prächtigsten Börsen Spaniens vor sich und ein Weltkulturerbe allererstens Ranges. Als unter Felipe II 1585 der Grundstein für das Gebäude des **Consulado del Comercio** gelegt wurde – eine Art Handelskammer –, war die »Prinzessin der Städte« mit über 150 000 Einwohnern nach Paris, London und Neapel eine der bedeutendsten Städte Europas. Noch baute der zögerliche König an der mächtigen Armada, noch behauptete Spanien seine Vormachtstellung in Europa und auf den Ozeanen und beanspruchte das Monopol, mit der Neuen Welt Handel zu treiben.

Das Blatt der Weltpolitik hatte sich längst geändert, als Carlos III um das Jahr 1781 tonnenweise Dokumente in die **Casa de la Lonja** schaffen ließ. Um 1660 hatte Murillo hier zwischenzeitlich mit der Kunstakademie Einzug gehalten, doch auch als Kunsthauptstadt Europas hatte Sevilla inzwischen ausgedient. Seit geraumer Zeit rangen nun England und Frankreich um die Vormachtstellung, Spanien wurde als Buhmann der Geschichte abgestempelt. Das Archivo General de Indias sollte diesem Ruf entgegenwirken.

Heute ist hier in fast 10 km langen Regalen all das gesammelt, was Spaniens goldenes Zeitalter an Dokumenten hinterlassen hat. Auf kostbaren Mosaiken aus Marmor und unter geometrischen Kassettengewölben begegnet man Besuchern und Schatzsuchern, Forschern und Neugierigen, die Briefe von Cervantes oder Logbücher und Stiche der ersten Siedlungen der Kolonialmächte in Mexiko bestaunen.

Bevor die Lonja gebaut wurde, tätigten die Händler ihre Geschäfte rund um die Kathedrale, der wir uns nun über die **Plaza del Triunfo** nähern, in deren Mitte auf einer monumentalen Doppelsäule eine Statue der **Immaculada Concepción** (Maria der Unbefleckten Empfängnis) steht. Um den Glauben an die Unbefleckte Empfängnis dreht sich das religiöse Selbstverständnis der Sevillaner. Erst am 8. Dezember 1854 wurde er zum Dogma erhoben und ist heute als Feiertag fast noch wichtiger als der Tag der Verfassung am 6. Dezember.

Plaza del Triunfo ⸱⸱⸱⸼
Calle Mateos Gago

An der Nordseite der Plaza del Triunfo steht mit dem **Convento de la Encarnación** eine der vier ehemaligen Synagogen der angrenzenden Judería. Interessant ist es, wenn man sich der **Catedral de Santa María de la Sede** (→ S. 57) einmal von ihrem Südportal her nähert. Durch die gotisch hoch aufstrebende **Puerta de San Cristóbal**, hinter der das Grab des Entdeckers liegt, treten wir in die dritte der neun Gewölbefelder der Kirchenhalle, die von hier aus betrachtet den Eindruck eines Hauptschiffs erweckt. Der Blick schweift durch die fünf Längsschiffe der Kathedrale hindurch bis hinein in den nördlich gelegenen **Patio de los Naranjos**. Hier verbinden sich im architektonischen Raumbild in beeindruckender Weise der Glaube des Christentums mit dem des Islam. Verherrlichte die Gotik Gott durch ihre aufstrebende Architektur, so tat dies der Islam durch die Tiefe des Raums. Die Kathedrale von

Sevilla, auf den Fundamenten der Hauptmoschee errichtet, spiegelt diese Synthese wider. Erst wenn man vom Westportal her, der **Puerta de la Asunción**, das 145 m lange Längsschiff hinabschaut, ergibt sich der Eindruck einer gotischen Kathedrale.

Auf der Calle Alemanes geht es weiter zur **Plaza de la Virgen de los Reyes** und ein Stück die Calle Mateos Gago hinauf, um eine der schönsten Perspektiven auf die Giralda zu genießen. In der **Bar Giralda** auf Haus-Nr. 2 kann man zwischen den Resten des Gewölbes eines arabischen Bades exquisite Tapas genießen.

Reales Alcázares ⋯⋗
Salones de Carlos V

Von der Calle Mateos Gago gehen wir nach rechts über die Calles Abades und Carro zur Puerta del León und den **Reales Alcázares** (→ S. 67). Um 844, als die Wikinger mit ihren Booten den Guadalquivir unsicher machten, hatte Abd ar-Rahman hier eine erste Festung angelegt, die unter König Mutamid I um 1050 zur Residenz Al-Mubarak ausgebaut wurde. Nach der Eroberung Sevillas durch seinen Vater Fernando III hatte Alfonso X, »der Weise«, hier einige seiner »Cantigas de Santa María« verfasst, die spanische Version des hochmittelalterlichen Minnesangs. Doch in ihrer heutigen Form sind die Reales Alcázares ein spätmittelalterliches Stück Romantik. König Pedro I, »der Grausame«, ein Verehrer der maurischen Kultur, ließ Al-Mubarak im Mudéjarstil zu einem Palast aus »Tausendundeiner Nacht« für die Könige Kastiliens erweitern. Die Baumeister rief er aus dem nasridischen Königreich von Granada herbei, dem letzten islamischen Reich auf spanischem Boden.

Schon im **Patio de León** beginnt das Gewirr von Höfen und Salons, Rundbögen und kleinen Gärten. Linker Hand erstreckt sich der **Patio de Yeso**. Im **Patio de la Montería** angelangt, steht man vor dem Palast Pedros I. Ein fast originalgetreuer Nachbau der nasridischen Architektur der Alhambra wartet dahinter im **Patio de las Doncellas**. Wir beschließen den Spaziergang durch »Tausendundeine Nacht« nun mit dem Besuch des **Patio de las Muñecas** und der **Sala de los Embajadores** sowie den zu den Gärten hin gelegenen **Salones de Carlos V**.

Andalusiens maurisches Erbe: Mit verschwenderischem Stuckornament versehene Vielpassbögen kennzeichnen den Patio de las Doncellas in den Reales Alcázares (→ S. 67).

Spaziergang durchs Barrio de Santa Cruz – In das einstige Judenviertel der Stadt

Charakteristik: Die lauschigsten Plätze, die malerischsten Gassen, die typischsten Bars im einstigen Judenviertel neben Kathedrale und Alcázar; **Dauer:** bis zur Plaza Santa Cruz 1/2 Std., insgesamt bis zu 3 Std.; **Länge:** 4 km; **Einkehrmöglichkeiten:** Casa Modesto (→ S. 26) neben den Jardines de Murillo, Café-Bar Europa (→ S. 23) an der Plaza del Salvador; **Karte:** → S. 113 und 114

Tritt man über den **Patio de las Banderas** aus den Alcázares hinaus, kommt man mitten hinein in die engen Gassen des einstigen Judenviertels Barrio de Santa Cruz (→ S. 54). Über die Calle Judería und die Calle Vida zur Plaza Doña Elvira lässt man sich durch die Gassen treiben und besichtigt im **Hospital de los Venerables** (→ S. 75) die prächtige kleine Barockkirche und den malerischen Patio.

Hospital de los Venerables ⇢
Plaza de Santa Cruz

Stimmt die Uhrzeit, können wir hier eine kleine Tapa-Tour einschieben: Zum Auftakt fein geschnittener »jamón Ibérico de Guijelo« in der **Casa Román** (Plaza de los Venerables, 1) zu einem Gläschen Manzanilla. Deftiger setzt man die Tour am Tresen oder auf der Terrasse der **Hostería del Laurel** (Plaza de los Venerables, 5) fort: In dieser Taberna lässt Zorrilla sein Drama des Don Juan Tenorio beginnen. Bevor man durch die Calle Justino de Neve zum Callejón del Agua weiterspaziert, wo die Judería an die Mauer der Gärten der Alcázares grenzt, kann man noch in der **Bar Santa Cruz** (Justino de Neve, 2) mit einer Portion »rabo de toro« den Hunger stillen.

Durch den malerischen **Callejón del Agua** – der Name ist dem römischen Aquädukt entlehnt, von dem weiter nördlich in der Calle Luis Montoto noch die Reste der Caños de Carmona stehen – geht es weiter. Die Straße ist gesäumt von zahlreichen kleinen Patios. In Haus-Nr. 2 wohnte einstmals der Romantiker Washington Irving. Von hier aus gelangt man zur **Plaza de Alfaro**, die von Stadtpalästen des sevillanischen Adels gesäumt wird. Im Süden der kleinen Plaza beginnen die **Jardines de Murillo** (→ S. 62). Einst lagen hier die »huertas«, die Obst- und Gemüsegärten der Reales Alcázares. Erst 1911 wurde der heutige Park angelegt. Nördlich gelangt man zur **Plaza de Santa Cruz**, auf der eine der vier Synagogen des Viertels stand, die spätere **Iglesia de Santa Cruz**, die Anfang des 19. Jh. von den Franzosen zerstört und später ein paar Gassen weiter neu errichtet wurde. Neben dem Tablao Los Gallos erinnert eine Tafel an der Wand an die ehemalige Kirche.

Plaza de Santa Cruz ⇢
Casa de Pilatos

Nördlich davon liegt in der Calle Santa Teresa 8 das **Geburtshaus** des Barockmalers **Bartolomé Esteban Murillo**, heute ein kleines Museum. Nach Osten geht der Spaziergang weiter über die Plaza Refinadores mit der Statue des Don Juan. Nach Norden gelangt man über die Plaza de las Cruzes und die Calle Doncellas zur **Iglesia Santa María la Blanca** in der gleichnamigen Straße. Einst eine der vier Synagogen der Judería, bewahrt diese Kirche heute ein Portal aus westgotischer Zeit. Folgt man der **Calle Santa María la Blanca** nach Nordwesten, kommt man vorbei am Barockportal der **Iglesia de San José** und dem **Convento de la Madre de Dios** zur **Iglesia de San Ildefonso** an der gleichnamigen Plaza. In der neoklassizistischen Kirche sind die barocken Skulpturen interessant.

Etwas weiter östlich schließt sich die **Casa de Pilatos** an (→ S. 71). Auf ca. 10 000 qkm Fläche ist der Bau mit Patios und Gärten der größte Stadtpalast des sevillanischen Adels. Er soll der Legende nach Resultat einer Reise ins Heilige Land sein, die Fadrique Enríquez de Ribera, Marquéz de Tarifa, um 1518 unternommen hatte, und dem Palast des Pontius Pilatus in Jerusalem nachempfunden sein. Tatsächlich ließ er sich wohl vom Stil der italienischen Renaissance leiten.

Der Säulenumgang im Erdgeschoss bringt in beiden Wällen, wenn auch mit verschiedenen Bogenformen in Stuck, den Mudéjarstil zur Anwendung; die Arkaden im ersten Stock sind hingegen klar an der italienischen Renaissance orientiert. Das Hauptportal wurde 1529 eingesetzt und war auf dem Seeweg direkt aus Genua gebracht worden. Angefertigt hat es der Genueser Antonio Maria d'Aprile. Auch der Brunnen im Zentrum, von vier römisch-griechischen Gottheiten umstanden, wurde aus Genua importiert.

Plaza de la Alfalfa ---> Plaza Nueva

Richtung Westen gelangt man von der Iglesia de San Ildefonso zur Calle Cabeza del Rey Don Pedro und weiter zur **Plaza de la Alfalfa**, in römischer Zeit möglicherweise das Forum und Zentrum der Stadt. Heute findet hier sonntags ein Tiermarkt statt. Nach einem Abstecher zur **Iglesia de San Isidoro** aus dem 14. Jh., deren Portal von einem Stern im Mudéjarstil gekrönt wird, geht der Weg weiter zur **Iglesia del Salvador** (→ S. 61), deren monumentale Barockfassade aus Ziegelstein mit Granitelementen zur Plaza del Salvador zeigt. Die Barockkirche, zweitgrößtes Gotteshaus Sevillas nach der Kathedrale, entstand um 1670 an der Stelle einer Moschee. Im Hof sind auf westgotischen Säulen und Kapitellen noch die Reste maurischer Bögen dieser Moschee erhalten.

Von hier führt der Weg weiter nach Westen zum **Ayuntamiento** (→ S. 54) an der Plaza Nueva und der Plaza de San Francisco, einer der neuralgischen Punkte der Prozessionen zur Karwoche und zu Corpus Christi. An der Fassade zur Plaza Nueva hin beachten wir die halbrunden Giebel über den tiefer gelegenen Fenstern. Sie enthalten das Emblem »NO-DO«, von Alfons X dem Weisen. Eine Abkürzung für: »NO me ha dejaDO« – sie hat mich nicht verlassen. Gemeint ist die Stadt, Sevilla, die dem König in den Jahren der Reconquista die Treue hielt.

Immer wieder bieten die malerischen Innenhöfe in Santa Cruz faszinierende Einblicke: herrliche Azulejos, plätschernde Springbrunnen und üppige Pflanzenpracht.

Entlang des Guadalquivir durch El Arenal – In das Sevilla des 19. Jahrhunderts

Charakteristik: Die Strecke verbindet zwei Hauptsehenswürdigkeiten Sevillas: Torre de Oro und Stierkampfarena. Dauer: 1/2–2 Std., Länge: 1–1,5 km; Einkehrmöglichkeiten: Tapas-Bar Enrique Becerra, C. Gamazo, 2, Tel. 954 21 30 49; Karte: → S. 113, 117

Ein bronzener Torero in typischer stolzer Pose vor der Plaza de Toros de la Maestranza, der Stierkampfarena von Sevilla.

Bis in die Mitte des vergangenen Jahrhunderts brachte der Guadalquivir nicht nur Reichtümer aus dem Landesinneren oder per Schiff aus der Neuen Welt nach Sevilla, er brachte immer auch Tod und Gefahr über die Stadt. Um 844 machten die Wikinger mit 80 Booten den Fluss unsicher und wurden sogar vorübergehend sesshaft. Um 1649 legte hier mit den Handelsschiffen auch die Pest an.

Torre del Oro ⇢
Hospital de la Caridad

 Die **Torre del Oro** wurde um das Jahr 1220 von den Almohaden errichtet, einem fundamentalistischen Berberstamm, der entscheidend zum Untergang des Kalifats von Córdoba beigetragen hatte. Aus dem Turm mit seinem zwölfeckigen Grundriss ragt im dritten Geschoss der hexagonale Treppenturm empor. Gegenüber liegt das von Stararchitekt Rafael Moneo konzipierte Gebäude der Versicherungsgesellschaft Previsión Española, in deren Hof man den besten Blick auf die **Torre de la Plata** hat.

Von der Torre del Oro gelangt man 150 m flussaufwärts zum **Teatro de la Maestranza**. Das funktionale Bauwerk greift die Ästhetik der weiter nordwestlich davon gelegenen Plaza de Toros auf. Dahinter steht in der Calle Temprado das **Hospital de la Caridad** (→ MERIAN-Tipp S. 75), gestiftet von Miguel de Mañara, Vorbild für die Figur des Don Juan.

Hospital de la Caridad ⇢
Plaza de Toros de la Maestranza

Rechts entlang durch die Calle Dos de Mayo führt an der Plata de Cabildo nach Norden ein Abstecher zur Calle Arfe, an deren Anfang im Gebäude **El Postigo** täglich ein Kunsthandwerksmarkt stattfindet. Wer jetzt eine Stärkung gebrauchen kann, sollte an der vorzüglichen **Tapa-Bar** des Enrique Becerra einen Stopp einlegen und die »croquetas de rabo de toro« probieren (C. Gamazo, 2, Ecke Jimios), bevor man zur **Plaza de Toros de la Maestranza** kommt. Wichtigstes Portal ist nicht der Haupteingang, sondern die Puerta del Príncipe im Osten, durch die triumphierende Matadores auf den Schultern ihrer Cuadrilla hinausgetragen werden. Von dort aus geht es dann mitten ins Herz von Santa Cruz hinein.

Ausflüge in die Umgebung

Carmona, Osuna, Écija – ins barocke Andalusien

Auskunft: Oficina de Turismo Carmona (Alcázar de la Puerta de Sevilla s/n; Tel. 954 19 09 55; www.turismo.carmona. org); Oficina de Turismo Écija (Palacio de Benamejí; Tel. 955 90 29 33; www. turismoecija.com); Oficina de Turismo Osuna (C. Carrera, 82; Tel. 954 81 57 32; www.osuna.es); **Karte:** ⇢ S. 87, b 2, c 1 und c 2

Die Orte Carmona, Osuna, Écija sind alle Kinder des Barock. Im heißesten Winkel von Andalusien gelegen, erlebten sie im 17. Jh. ihre Blüte.

Auf einem kahlen Hügel inmitten der weiten, fruchtbaren Ebenen der Vega de Corbones erstreckt sich **Carmona**, mit seinen 27 000 Einwohnern eine der schönsten Städte Andalusiens. Ihre Ursprünge gehen bis auf die Bronzezeit zurück. Mit dem Einfall der Römer stieg die Siedlung »Carmo« dank ihrer günstigen Lage zwischen Sevilla, Itálica und Córdoba zu einem politisch und architektonisch bedeutenden Zentrum auf.

Dominiert wird Carmona von den Ruinen des **Alcázar del Rey Pedro I.** In einem Trakt der von den Almohaden errichteten Burg, in früherer Zeit Sitz König Pedros I des Grausamen, ist heute eines der schönsten Hotels der in Staatsbesitz befindlichen Parador-Kette untergebracht (**Parador de Carmona**; Tel. 954 14 10 10, Fax 954 14 17 12; www.parador.es ●●●●). Karthager, Römer, Araber und Christen haben hier ihre Spuren hinterlassen. Von den Türmen hat man einen hervorragenden Blick auf die Stadt und von der Terrasse des Parador, die hoch auf dem steil abfallenden Stadthügel thront, eine wunderbare Aussicht auf die umliegende Landschaft.

Man betritt die Oberstadt durch das hufeisenförmige Stadttor im **Alcázar de la Puerta de Sevilla**. Auch dieses Festungswerk ist in seiner Substanz maurisch und verbindet die Stadtmauer mit dem unteren Teil der Burg.

Den wichtigsten Platz der Stadt, die **Plaza de San Fernando**, umgeben hübsche Gebäude im Mudéjarstil sowie die schöne Renaissancefassade des **Ayuntamiento Antiguo**, des ehemaligen Rathauses; die Stadtverwaltung hat heute ihren Sitz in einem Gebäude aus dem 18. Jh. (C. El Salvador, 2; Mo–Sa; Tel. 954 14 00 11; www. carmona.org).

Die **Necrópolis Romana** (Römische Nekropolis) am Stadtrand wurde erst 1868 entdeckt. Von den fast 1000 Gräbern aus der Zeit vom 2. bis zum 4. Jh. n. Chr. ist rund ein Viertel freigelegt. Neben Familienmausoleen mit ihren Vorhöfen kann man hier in einem kleinen Museum Statuen und Grabbeigaben wie Gläser, Juwelen, Keramiken und Urnen betrachten. Auf dem Versammlungsplatz (»tumba del elefante«) am Eingang fanden die rituellen Trauerzeremonien statt. Die größte Gruft ist die »tumba de servilia«, ein zweistöckiges Grab, in dem die Skulptur der »Servilia« gefunden wurde, der jungen Tochter eines Statthalters. Hier sind auch einige Wandmalereien erhalten (Avda. Jorge Bonsor, 9, der Beschilderung folgen; Tel. 955 62 46 15; Di–Fr 9–18 Uhr, im Sommer 8.30–14, Sa, So 9.30–14.30 bzw. 10–14 Uhr, Mo/Fei geschl., die ständig wechselnden Öffnungszeiten besser unter www.juntadeandalucia. es/cultura/museos/CAC prüfen).

Écija (39 000 Einwohner) liegt mitten in der »Bratpfanne Andalusiens« und ist bekannt wegen seines heißen Klimas. Ganz besonders hier fällt die Verwendung traditioneller, oft weiß-blau gehaltener Kunstkacheln bei der Bedachung der Türme und Kuppeln wie auch bei der Gestaltung der Fassaden ins Auge. Am reichsten verziert ist die Pfarrkirche **Iglesia de Santa María** an der Plaza de España. Beeindruckend ist auch der **Palacio de Peñaflor** (C. Caballeros s/n; Patio täglich zu besichtigen). An seiner Fassade, die reich mit barocken Ornamenten und einem marmornen Portal verziert ist, dominiert besonders der Balkon mit seinen 59 m Länge.

Osuna (17 500 Einwohner) war in der Antike ein wichtiger Stützpunkt römischer Garnisonen. Im 16. Jh. erlebte die Stadt unter den mächtigen Herzögen von Osuna eine neue Blüte. Aus dieser Zeit stammt die **Colegiata de Santa María de la Asunción**, ein wuchtiger und turmloser, dreischiffiger Bau mit vier Gemälden José Riberas in der Capilla Mayor.

10 Coto de Doñana

Anfahrt: Mit dem Auto erreicht man den Park über die Autobahn (A 49) nach Huelva bis nach La Palma del Condado, wo man in Richtung Almonte und anschließend nach El Rocío abzweigt (H 612). Mit dem Bus ab Sevillas Plaza de Arma (Busunternehmen Damas). El Rocío liegt in der Provinz Huelva, 95 km südwestl. von Sevilla. **Auskunft:** Centro de Recepción »El Acebuche«, A 483, km 37,5; Tel. 959 43 04 32; www.donanavisitas.es; **Führungen:** Man kann sich darauf beschränken, das Museum in El Acebrón zu besichtigen und rund 45-minütige Spaziergänge durch die Ausleger des Naturparks zu machen (Ausgangspunkte liegen 1 km von El Rocío sowie 7 km von La Rocina entfernt und in El Acebuche, 4 km nördlich von Matalascañas). Empfehlenswert ist die vierstündige Jeeptour mit Führung, die angemeldet werden muss und in El Acebuche beginnt. An den Pfingsttagen werden keine Fahrten organisiert. **Anmeldung für Rundfahrten:** Centro de Recepción »El Acebuche« (→ oben, Anmeldung nur telefonisch unter Tel. 959 43 04 32); Abfahrt Mai–14. Sept. tgl. außer Mo 8.30 und 17, 15. Sept.–Ende April 8.30 und 15 Uhr; 24 € pro Platz. Eine abenteuerliche Alternative ist der Besuch per Kutsche oder auf dem Rücken von Pferden, organisiert von Doñana Ecuestre S. L., mit Sitz in El Rocío (Tel. 959 44 24 74; www.donanaecuestre.com; 20 € für die erste Stunde, jede weitere Stunde 10 €. Auch Ausritte und Kutschen für die Pfingstwallfahrt nach El Rocío); **Dauer:** Besuch des Nationalparks mindestens 1 Tag; **Karte:** S. 87, a 2–3

Der Nationalpark Coto de Doñana im Mündungsdelta des Guadalquivir ist eines der bedeutendsten Naturschutzgebiete Europas. Hier machen die Zugvögel zwischen Afrika und Europa Station, brüten seltene Wasservögel und Störche. Auch der iberische Luchs und einige Adler haben hier ihre letzten Jagdreviere. Das seit 1969 geschützte ehemalige Jagdrevier der Grafen von Medina-Sidonia umfasst heute 75 000 ha.

Die geführte Rundfahrt erstreckt sich über rund 80 km und macht mit drei ökologischen Systemen vertraut: dem Feuchtgebiet, dem Trockengebiet und den Wanderdünen an der Küste. Bei Zwischenstopps kann man in aller Ruhe die Tiere des Parks beobachten. Zu den ständigen Bewohnern gehören Dam- und Rothirsche, Kaiseradler, Pardelluchse *(lince ibérico)*, Wildschweine und Fischotter. Das binsenbewachsene Marschgebiet liegt im Sommer mehrere Monate trocken und verwandelt sich erst Ende September wieder in ein belebtes Vogelparadies, wenn Wildenten und -gänse zum Überwintern hierherkommen. Neben den Pfeifenten, Löffelenten oder Krickenten sind die rosafarbenen Flamingos die Hauptattraktion. Auch sie verbringen hier die kalten Monate und ernähren sich von den Schaltieren der Salzlagunen und des Marschdeltas.

Im Frühjahr nisten hier Haubentaucher, Schnatterenten, Purpurreiher und viele andere Vögel. Über das ganze Gebiet verteilt liegen Lagunen, von Pinien, Ginster und Farn umgeben und bevölkert von Fröschen und Schildkröten. In den Korkeichenwäldern leben Reiher und Störche, jagen Mäusebussarde und Turmfalken.

Ein weiteres Biotop ist der Monte de Doñana, einer der letzten mediterranen Pinienwälder hinter den Dünen, mit Luchsen, Wildschweinen, Dachsen, Iltissen, Füchsen und Hirschen. Es duftet nach Macchia mit Lavendel, Zistrosen und Rosmarin.

Die Küste entlang bilden sich die Wanderdünen, die eine Höhe von bis zu 30 m erreichen und sich durch den vom Atlantik wehenden Wind ständig verlagern. Ihre Vegetation besteht aus Strandhafer und Büschen und ist die Heimat von Ottern, Eidechsen und vielen anderen Reptilien. Längs der Küste wurde im 16. Jh. eine Reihe von Wachttürmen errichtet.

Bei der Umweltkatastrophe von 1998 gelangten hochgiftige Abwässer des schwedisch-kanadischen Bergwerks der Firma Boliden von Aznalcóllar in den Coto de Doñana. Die Fauna des Naturparks wurde nachhaltig geschädigt. Zunehmend stellen die Forscher Missbildungen bei Wasservögeln und Störchen fest. Auch zuvor schon hatten die im Oberlauf des Río Guadiamar verwendeten Düngemittel das Schutzgebiet belastet. Die angeblich drastischen Maßnahmen der spanischen Regierung zur Rettung des Gebiets werden von Naturschützern scharf kritisiert. Doch zumindest langfristig könnte ein »grüner Korridor«, der entlang des verseuchten Río Guadiamar angelegt wird, die Zukunft des Naturparks sichern. Noch bis zum Jahr 2001 wurde in Aznalcollar weiter Pyrit abgebaut, mit kaum verbesserten Sicherheitsvorschriften, dann wurde der Betrieb eingestellt.

Das Örtchen **El Rocío**, das direkt an das Marschgebiet des Coto de Doñana grenzt, wäre ein weltvergessener Weiler, fände hier nicht einmal im Jahr, zu Pfingsten, die über Spanien hinaus berühmte Wallfahrt statt. Zur Romería füllt sich El Rocío mit einer Million Pilgern, die aus dem ganzen Land zu Fuß, mit Pferd oder geschmückten Ochsenkarren hierher pilgern, um in der Wallfahrtskapelle **La Ermita de Nuestra Señora del Rocío** dem Bildnis der Weißen Taube (Blanca Paloma) und der Heiligen Jungfrau von Rocío zu huldigen und – vor allem – zu feiern und zu tanzen.

Um das Bildnis der Heiligen Jungfrau von El Rocío, das aus dem 13. Jh. stammt, ranken sich viele Legenden. So soll König Alfonso X, der Weise, während der Reconquista die Wallfahrtskapelle gegründet haben, wo »nuestra señora de las rocinas« bald von Hirten und Jägern verehrt wurde. Um das Heiligenbild vor den wiederholt eindringenden Mauren zu retten, soll es versteckt und erst im 15. Jh. beim heutigen El Rocío wiedergefunden worden sein.

Zahlreiche Schirmpinien besiedeln das Feuchtgebiet des Nationalparks Coto de Doñana. Bisweilen werden sie auch von vorrückenden Wanderdünen begraben.

Itálica – römische Spuren in Sevilla

Anfahrt: Itálica liegt bei Santiponce, 11 km von Sevilla entfernt, an der N 630. Vom Busbahnhof Plaza de Ármas fahren halbstündlich Busse nach Santiponce; **Öffnungszeiten:** April–Sept. Di–Sa 8.30–20.30, So 9–15, Okt.–März Di–Sa 9–17.30, So 10–16 Uhr, Mo geschl.; www.juntadeandalucia.es/cultura/italica; Tel. 955 62 22 66. In Itálica ist man ganz der Sonne Andalusiens ausgesetzt: Zumindest im Sommer sollte man zwischen 12 und 17 Uhr lieber Siesta halten; **Dauer:** 1 Tag; **Karte:** ···> S. 87, b 2

Die erste Stadt der Römer in Spanien hat zwei Kaiser hervorgebracht. Heute liegt sie unter einer Vorstadt von Sevilla begraben. Um das Jahr 206 v. Chr. siedelte der Feldherr Publio Scipio, der Afrikaner, während des Zweiten Punischen Krieges nördlich von Sevilla Kriegsveteranen an und gründete so mit Itálica die erste römische Siedlung in Spanien. Später war Itálica Garnison und kulturelles Zentrum mit einer beträchtlichen Einwohnerzahl. In der Stadt, die vom Wein- und Ölhandel lebte, wurde der spätere Kaiser Trajan (53–117 n. Chr.) geboren und ein weiterer Kaiser, Hadrian (76–138 n. Chr.), erzogen. Vor allem Trajan zeigte sich während der Jahre seiner Herrschaft äußerst großzügig gegenüber der Stadt und ließ zu den Glanzzeiten Itálicas zahlreiche Marmortempel und Theater errichten.

Archäologen vermuten, der Niedergang des Ortes sei auf eine Änderung im Lauf des Guadalquivir zurückzuführen, letztlich wurde der Abstieg zweifellos mit dem Zerfall des Imperiums und den Einfällen der Vandalen besiegelt. Die Ausgrabungen begannen im 18. Jh. und sind noch nicht beendet. Gegenwärtig ist dank neuer Funde eine Erweiterung des Freilichtmuseums von 50 auf 116 ha in Arbeit.

Itálica bestand ursprünglich aus zwei Teilen, der Nova Urbs und der Vetus Urbs – Letztere liegt unter dem Stadtkern von Santiponce verborgen. Der faszinierende Spaziergang durch die bereits freigelegten Straßen führt zu den Resten von Mosaiken und Ruinen ehemaliger Häuser, Thermen und Tempel. Leider wurde ein großer Teil der antiken Bauteile geplündert.

Die Ausgrabungen von Itálica sind ein Spaziergang durch die römische Vergangenheit.

Ausflüge

Die wichtigsten Ausstellungsstücke befinden sich heute im **Museo Archeológico** (→ S. 72) am Parque María Luisa. Doch sind auch an der Ausgrabungsstätte schöne Mosaiken zu bewundern. So etwa das Vogelmosaik in der Casa de los Pájaros, das Mosaik mit Meeresgott, Fischen und Fabelwesen in der Casa del Mosaico de Neptun und die im Kreis angeordneten Porträts der Casa del Planetario.

Einer der bedeutendsten archäologischen Schätze ist das zwischen 1983 und 1991 ausgegrabene **Amphitheater** aus der Zeit von Kaiser Augustus, das 25 000 Zuschauer aufnehmen konnte. Am Eingang zu den Ruinen liegt ein kleines Museum.

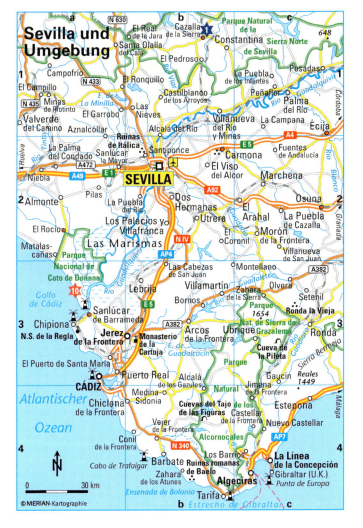

Sanlúcar de Barrameda

Anfahrt: Eine reizvolle Variante, nach Sanlúcar zu gelangen, ist ein Tagesausflug mit dem Schiff von Sevilla aus. Die rund zweistündige Fahrt legt an den Wochenenden von der Torre del Oro ab (Rückfahrt am Abend). Mit dem Auto: Autobahn A 4 Richtung Jerez de la Frontera/Cádiz/Algeciras bis zur Ausfahrt 3 nach Sanlúcar; insgesamt 90 km; **Dauer:** Tagesausflug; **Karte:** S. 87, a 3

Sanlúcar war Ausgangspunkt der dritten Entdeckungsfahrt nach Amerika unter Christoph Kolumbus 1498. Später segelte Hernán Cortés von hier aus in die Neue Welt, und Magellan legte hier 1519 mit fünf Schiffen und 230 Mann zur ersten Weltumseglung ab – im September 1522 kehrte sein Kapitän Juan Sebastián Elcano mit einem einzigen Schiff und den letzten 17 Überlebenden zurück.

Am Hafen ragt mit dem **Castillo de Santiago** aus dem 15. Jh. die erste Burg der Herzöge von Medina Sidonia auf. Von hier hat man eine hervorragende Sicht auf die Stadt und auf das Naturschutzgebiet Coto de Doñana (→ S. 84). Der hexagonale Turm **Torre del Homenaje** stammt aus dem 12. Jh. und gibt Zeugnis von den arabischen Festungsanlagen, die von Guzmán verstärkt wurden.

In der Oberstadt, dem Barrio alto, sind besonders die **Iglesia Nuestra Señora de la O** und die Bodegas einen Besuch wert. Die Kirche an der Plaza del Conde de Niebla beherbergt einige künstlerische Kostbarkeiten. Das Kirchenschiff, überwölbt von einer bezaubernden getäfelten Renaissancedecke, ist mit Kacheln und Stuckwerk verziert. Der Hauptaltar von Esquirel (18. Jh.) befindet sich in der Capilla Mayor, an deren Seitenwand die Figur der Schutzpatronin der Stadt »Nuestra Señora de la Caridad« steht.

Die Altstadt rund um die Plaza de la Paz verlockt mit ihren prächtigen Herrschaftshäusern, Jesuiten- und Dominikanerklöstern zu einem Rundgang. Einige von ihnen wurden in **Bodegas** umgewandelt, die nur nach Voranmeldung zu besichtigen sind und wo man Most und Manzanilla kosten kann. Bekannt ist besonders die **Bodega Barbadillo** in der Calle Luis de Eguilaz, 11, direkt neben der Kirche Iglesia de Nuestra Señora de la O. Den Most probiert man in einem der eigens diesem Wein gewidmeten Lokale, den Mostos. Dazu isst man gekochte Kartoffeln, Rettich, Pökelfleisch und vor allem »ajo«.

Die Unterstadt, Barrio Bajo oder Bajo de Guía genannt, lädt zu einem reizvollen Bummel entlang der Flussmündung ein, wo die Fischer mit ihren kleinen Booten anlegen. Hier befinden sich einige gute Restaurants und Bars, in denen Gitarrenspieler mit Flamenco, Volksweisen oder Tangomusik für Atmosphäre sorgen.

Zu den köstlichen »langostinos«, »gambas« oder frittierten Fischen sollte man unbedingt den trockenen Manzanilla probieren, der in Sanlúcar gekeltert wird. Ihm zu Ehren findet im Frühling das fröhlich-bunte Volksfest »Fiesta de la Manzanilla« statt.

Eine paradiesische Zwischenstation für Naschkatzen ist die Eisdiele **La Ibense Bornay** an der Plaza del Cabildo, deren hauseigene Eisspezialitäten landesweiten Ruhm genießen. Feinschmeckern sei **Flor de Sal** aus den Salinen von Sanlúcar ans Herz gelegt (www.proasal.es). Ein stilvolles Hotel ist das **Tartaneros**, (C. Tartaneros, 8; Tel. 956 38 53 78; E-Mail: hotel tartaneros@telefonica.net.), ein rustikal renoviertes Stadtpalais, bestens geeignet für Strandurlaub und Stadtbesuch. Berühmt für hervorragenden Fisch und erlesene Meeresfrüchte ist das **Bigote** (Bajo de Guía, 10, Tel. 956 36 26 96; mit Tapa-Bar; Nov. geschl.), beste Tapas erwarten uns auch in der **Casa Balbino** (Plaza Cabildo, 11).

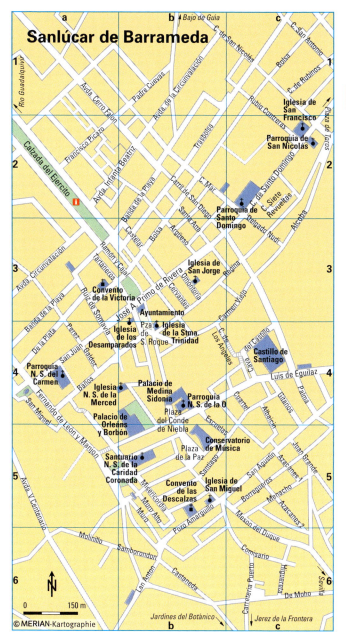

Wissenswertes über Sevilla

Büßerprozession während der Feierlichkeiten zur Semana Santa, der Karwoche (→ S. 45): Unter spitzen Kapuzen wachen die »nazarenos« über ihre Heiligenfiguren.

Sevilla im Überblick: viele nützliche Infos zur Reisevorbereitung und für den Aufenthalt vor Ort. Mit Geschichtstafel, Internetadressen, Reiseknigge und Verkehrsverbindungen.

Jahreszahlen und Fakten im Überblick

Vorgeschichte
Funde von Faustkeilkulturen aus der Zeit um 750 000 v. Chr. in der Gegend um Cádiz. Um 25 000 v. Chr. entstehen die Höhlenmalereien bei Ronda.

1330 v. Chr.
Das tartessische Königreich betreibt rege Handelsbeziehungen der Region mit Phöniziern und Griechen.

1100 v. Chr.
Die Phönizier gründen Cádiz. Um die heutige Calle Sierpes herum blüht um 800 v. Chr. eine iberische Stadt.

500 v. Chr.
Die Karthager erobern Südwestandalusien. Mit der Einnahme von Sagunt beginnen die Punischen Kriege.

206 v. Chr.
Scipio besiegt die Karthager bei Alcalá del Río. Itálica wird gegründet. Im Jahr 61 v. Chr. wird Caesar Statthalter der spanischen Provinzen. Andalusien erhält den Namen Betis.

411 n. Chr.
Die Vandalen besetzen Sevilla, werden aber bald von den Westgoten vertrieben, die um 476 Spanien regieren.

711–1085
711 landet der Feldherr Tariq auf Gibraltar. Es beginnt die Eroberung der Iberischen Halbinsel durch den Islam, der 929 mit der Begründung des Kalifats von Córdoba den Höhepunkt seiner Macht in Spanien erlebt.

1010
Berber zerschlagen das Kalifat. Das islamische Großreich zerfällt. Im 12. Jh. beherrschen die Almoraviden Sevilla.

1212
Die Christen erringen in der Schlacht bei Navas de Tolosa den ersten entscheidenden Sieg der Reconquista.

1248
Fernando III nimmt kampflos Sevilla ein. Alfons X setzt die Reconquista fort.

1350–1369
Pedro I regiert vorwiegend von Sevilla aus. Die Reales Alcázares erhalten ihre heutige Form im Mudéjarstil.

1401
Bau der Kathedrale von Sevilla.

1492
Granada ergibt sich den Katholischen Königen; Ende der Reconquista. Kolumbus entdeckt Amerika. Die Vertreibung von Mauren und Juden beginnt, die Inquisition wird eingesetzt.

1503
Sevilla wird zum zentralen Hafen für den Lateinamerikahandel ernannt.

1516–1556
Carlos I erbt 1516 das Weltreich Spanien. 1519 wird er als Karl V. zum deutschen Kaiser gewählt. Spanien erreicht den Gipfel seiner Macht.

1561
Carlos Sohn Felipe II verlegt den königlichen Hof nach Madrid.

1588
Die Engländer vernichten die spanische Armada.

1649
Jeder dritte Einwohner Sevillas stirbt an der Pest.

1680
Wegen der Verlandung des Guadalquivir wird Cádiz zum Übersee-Handelshafen. Sevillas Niedergang setzt ein.

1700–1714
Nach dem Tod des Habsburgers Carlos II. bricht der Erbfolgekrieg aus. Spanien verliert seine Vormachtstellung.

Geschichte

1813–1820
Ferdinand VII führt nach dem Unabhängigkeitskrieg gegen Napoleon die Inquisition wieder ein.

19. Jh.
Mit dem Ende der wirtschaftlichen Blütezeit sinkt Andalusien zu einer der ärmsten Regionen Spaniens ab.

1873
Nach den Karlistenkriegen und dem Sturz von Isabella II wird 1873 die Erste Spanische Republik ausgerufen.

1874–1898
Unter Alfonso XII spanische Restauration der Monarchie. Gründung der sozialistischen Arbeiterpartei PSOE (1879) und der Gewerkschaft UGT (1888). Im Krieg mit den USA verliert Spanien Kuba und die Philippinen.

1923–1930
Militärdiktatur des Generals Primo de Rivera.

1931–1939
Die Zweite Spanische Republik wird am 14. April 1931 ausgerufen. Nach dem Wahlsieg der republikanischen Volksfront bricht General Franco im Juli 1936 den Spanischen Bürgerkrieg vom Zaun, der bis 1939 andauert.

1939–1945
Im Zweiten Weltkrieg bleibt Spanien neutral. Es folgen 36 Jahre Diktatur.

1975–1978
Franco stirbt am 12. Dez. 1975. König Juan Carlos I leitet den Übergang zur Demokratie ein. 1977 gewinnt die konservative UDC unter Suarez die ersten Wahlen. 1978 Annahme der Verfassung per Volksentscheid.

1982
Modernisierung Spaniens unter der 14-jährigen Amtszeit des Sozialisten Felipe González aus Sevilla. Die Fußball-WM wird in Spanien ausgetragen.

1986
Beitritt Spaniens in die EG.

1992
Expo in Sevilla. Der Schnellzug AVE wird eingeweiht.

1996
Die konservative Volkspartei PP löst die PSOE ab.

1997
Die Ermordung eines Stadtrats durch die baskische Terrororganisation ETA löst in Spanien Massenproteste aus. Spanien erlebt eine neue Welle von Attentaten durch die ETA.

1998
Im April führt der Bruch eines Abwassersees der Pyritmine von Aznalcóllar zu einer der schwersten Umweltkatastrophen Europas. Spanien nimmt an der Eurowährung teil.

2000
Die ETA überschattet den Parlamentswahlkampf mit einer neuen Welle von Attentaten.

2002
Auch in Spanien wird die Gemeinschaftswährung Euro eingeführt.

2003
Baubeginn für Sevillas erste U-Bahn-Linie.

2004
Nur drei Wochen nach dem blutigen Attentat vom 11. März in Madrid, bei dem 192 Menschen getötet wurden, vereitelt die Polizei einen Bombenanschlag islamistischer Terroristen auf die AVE-Strecke nach Sevilla.

2007
Zwölf Jahre nach der ersten königlichen Hochzeit der spanischen Demokratie 1995 in Sevilla trennen sich Prinzessin Elena de Bourbón und Jaime de Marichalar.

Nie wieder sprachlos

Aussprache
- c   vor dunklen Vokalen wie k (como), vor hellen Vokalen wie engl. th (gracias)
- ch   wie tsch (ocho)
- h   wird nicht gesprochen
- j   wie ch (jueves)
- ll   wie j (calle)
- ñ   wie nj (mañana)
- qu   wie k (quisiera)
- s   wie ss (casa)
- y   wie j (hoy)
- z   wie engl. th (diez)

Wichtige Wörter

ja	sí [si]
nein	no [no]
danke	gracias [grassias]
Wie bitte?	¿cómo? [komo]
Ich verstehe nicht.	No entiendo. [no entjiendo]
Entschuldigung	con permiso, perdón [kon permisso, perdon]
Hallo	hola [ola]
Guten Morgen	buenos días [buenos dijas]
Guten Tag	buenas tardes [buenas tardes]
Guten Abend	buenas noches [buenas notsches]
Auf Wiedersehen	adiós [adijos]
Ich heiße ...	Me llamo ... [mee jamo]
Ich komme aus ...	Yo soy de ... [jo soij dee]
- Deutschland	- Alemania [Alemanja]
- Österreich	- Austria [Austrija]
- der Schweiz	- Suiza [Suissa]
Wie geht's?/ Wie geht es Ihnen?	¿Qué tal?/¿Cómo está? [ke tal/komo esta]
Danke, gut.	Bien, gracias. [bjän, grassias]
wer, was, welcher	quien, que, cual [kjien, ke, kual]
wann	cuando [kuando]
wie lange	cuanto tiempo [kuanto tijempo]
Sprechen Sie deutsch/ englisch?	¿Habla alemán/ inglés? [abla ulemun/inglés]
heute	hoy [oij]
morgen	mañana [manjana]
gestern	ayer [ajer]

Zahlen

eins	uno [uno]
zwei	dos [dos]
drei	tres [tres]
vier	cuatro [kuatro]
fünf	cinco [sinko]
sechs	seis [seijs]
sieben	siete [siete]
acht	ocho [otscho]
neun	nueve [nuebe]
zehn	diez [dies]
einhundert	cien [sjen]
eintausend	mil [mil]

Wochentage

Montag	lunes [lunes]
Dienstag	martes [martes]
Mittwoch	miércoles [miärkoles]
Donnerstag	jueves [chuebes]
Freitag	viernes [bijernes]
Samstag	sábado [sabado]
Sonntag	domingo [domingo]

Unterwegs

rechts	a la derecha [a la deeretscha]
links	a la izquierda [a la iskierda]
geradeaus	recto [rekto]
Wie weit ist es nach ...?	¿Cuánto tiempo dura el viaje hasta ...? [kuanto tijempo dura el biache asta]
Wie kommt man nach ...?	¿Por dónde se va a ...? [por donde se ba a]
Wo ist ...	¿Dónde está ... [donde esta]

Sprachführer 95

- die nächste Werkstatt?	- el próximo taller? [el proximo tajär]
- der Bahnhof?	- la estación de tren? [la estassijon dee tren]
- der Flughafen?	- el aeropuerto? [el aäropuerto]
- die Touristeninformation?	- la información turística? [la informassion turistika]
- die nächste Bank?	- el próximo banco? [el proximo banko]
- die nächste Tankstelle?	- la próxima gasolinera? [la proxima gasolinera]
Bitte voll tanken!	¡Lleno, por favor! [jeno por fabor]
Wir hatten einen Unfall.	Tuvimos un accidente. [tubimos un axidente]
Wo finde ich ...	¿Dónde encuentro... [donde enkuentro]
- einen Arzt?	- un medico? [un mediko]
- eine Apotheke?	- una farmacia? [una farmassia]
Eine Fahrkarte nach ... bitte!	¡Quisiera un pasaje a ..., por favor! [visitera un pasache a ..., por fabor]

Übernachten

Ich suche ein Hotel.	Busco un hotel. [busko un otel]
Ich suche ein Zimmer für ... Personen.	¿Tiene usted una habitación para ... personas? [tijene ustet una abitassion para ... personas]
Haben Sie noch Zimmer frei ...	¿Hay habitaciones libres ... [aij abitassiones libres]
- für eine Nacht?	- para una noche? [para una notsche]
Ich habe ein Zimmer reserviert.	Reservé una habitación. [reservee una abitassion]
Wie viel kostet das Zimmer ...	¿Cuánto vale la habitación ... [kuanto bale la abitassion]
- mit Frühstück?	- con desayuno incluido? [kon dessajuno inkluido]
Ich nehme das Zimmer.	Quiero la habitación. [kijero la abitassion]
Kann ich mit Kreditkarte zahlen?	¿Puedo pagar con tarjeta de crédito? [puedo pagar kon tarcheta de kredito]
Ich möchte mich beschweren.	Me quiero quejar. [mee kijero kechar]
funktioniert nicht	No funcciona. [no funxiona]

Essen und Trinken

Die Speisekarte bitte!	El menu, ¡por favor! [el menu por fabor]
Die Rechnung bitte!	La cuenta, ¡por favor! [la kuenta por fabor]
Ich hätte gern ...	Quisiera ..., ¡por favor! [kisijera... por fabor]
Kellner/-in	camarero/camarera [kamarero/kamarera]
Mittagessen	almuerzo [almuersso]
Abendessen	cena [sena]
Ich möchte kein(en) Fleisch/Fisch.	No quiero carne/pescado. [no kijero karne/peskado]

Einkaufen

Wo gibt es ...?	¿Dónde hay ...? [donde aij]
Haben Sie ...?	¿Hay ...? [aij]
Wie viel kostet ...?	¿Cuánto vale ...? [kuanto bale]
Das ist zu teuer.	Es demasiado caro. [es demasiado karo]
Ich nehme es.	Me lo llevo. [mee lo jevo]
geöffnet/geschlossen	abierto/cerrado [abijerto/serado]
Bäckerei	panadería [panaderija]
Metzgerei	carnicería [karnisserija]

Die wichtigsten kulinarischen Begriffe

A
aceite: Öl
aceituna: Olive
agua: Wasser
– *con gas:* mit Kohlensäure
– *sin gas:* ohne Kohlensäure
aguardiente: Branntwein, Schnaps
ajo: Knoblauch
albóndiga: Frikadelle, Bulette
alcachofa: Artischocke
almeja: Miesmuschel
almendra: Mandel
arroz: Reis
asado: Braten
atún: Thunfisch
azúcar: Zucker

B
bacalao: Kabeljau, Stockfisch
bisté, bistec: Beefsteak
bocadillo: Sandwich
buey: Rind, Ochse

C
cacahuetes: Erdnüsse
café con leche: Milchkaffee
– *cortado:* Kaffee mit wenig Milch
– *solo:* schwarzer Kaffee
calabaza: Kürbis
caldo: Fleischbrühe
cangrejo: Krebs
capón: Kapaun
carne: Fleisch
cazuela: Fischteller, Kasserolle
cebollas: Zwiebeln
cerdo: Schweinefleisch
cerveza: Bier
– *oscura:* dunkel
– *rubia:* hell (»blond«)
chicharrón: gebratene Schweinekruste
chorizo: rote Paprikawurst
chuleta: Kotelett
churro: in Öl ausgebackenes Spritzgebäck
ciruelas: Pflaumen
cocido: Eintopf mit Fleisch, Kichererbsen und Kartoffeln
coliflor: Blumenkohl
crustáceos: Schalentiere

D
dátiles: Datteln
diente de ajo: Knoblauchzehe
dorada: Goldbrasse
dulces: Süßigkeiten

E
embutido: Wurst
ensaïmada: Hefeteigschnecke
ensalada: Salat
escalopa: Schnitzel
espárrago: Spargel
– *triguero:* (wilder) grüner Spargel
espinaca: Spinat
estofado: Schmorbraten

F
fideos: Nudeln
fino: trockener Sherry
flan: Karamellcreme
frambuesa: Himbeere
fresa: Erdbeere
frito: gebacken
fruta del mar: Meeresfrüchte
frutas: Obst

G
gamba: Garnele
ganso: Gans
garbanzos: Kichererbsen
gazpacho: kalte Gemüsesuppe
gigote: Hackbraten
guisado: Schmorfleisch
– *picante:* Ragout
guisante: Erbse

H
helado: Speiseeis
hielo: Eis, Eisstück
hígado: Leber
huevo: Ei
– *revueltos:* Rührei

J
jabalí: Wildschwein
jamón: Schinken
– *ibérico:* Schinken höchster Qualität
– *serrano:* luftgetrockneter Schinken
judías: Bohnen
jugo: Saft

L
leche: Milch
lechuga: Kopfsalat
lengua: Zunge
lenguado: Seezunge
lenteja: Linse
liebre: Hase
limón: Zitrone
lomo: Lendenstück

M
manteca: Fett
mantequilla: Butter
manzana: Apfel
mariscos: Meeresfrüchte, Muscheln
melocotón: Pfirsich
melón: Honigmelone
membrillo: Quitte
merengue: Schaumgebäck, Baiser
mermelada: Marmelade
miel: Honig
morcilla: Blutwurst
mostaza: Senf

N
naranja: Orange
nata: Sahne
nuez: Walnuss

O
olla: gekochter Eintopf
ostras: Austern

P
paella: Reisgericht
pan: Brot
patatas: Kartoffeln
– fritas: Bratkartoffeln
pasas: Rosinen
pastel: Kuchen, Torte
– de patatas: Kartoffelpuffer
pato: Ente
pecho: Brust
pechuga: Geflügelbrust
pepino: Gurke
perdiz: Rebhuhn bzw. Rothuhn
perejil: Petersilie
pescado: Fisch
pez espada: Schwertfisch
picadillo: Hackfleischgericht
pimienta: Pfeffer
puchero: Eintopf

Q
queso: Käse

R
ración: »doppelte« Tapa
repollo: Weißkohl
riñones: Nieren

S
sal: Salz
salchicha: Würstchen
salchichón: eine Art Salami
salsa: Sauce
sandía: Wassermelone
sangría: kalte Bowle aus Rotwein, Wasser, Zucker, Früchten
sardina: Sardine
seta: Pilz
solomillo: Filet
sopa: Suppe mit Einlagen
– de verduras: Gemüsesuppe

T
tapa: Appetithäppchen
tarta: gefüllte Torte
ternera: Kalb, Kalbfleisch
tiburón: Haifisch
tocino: Speck
tortilla francesa: Omelett
– española: Omelett mit Kartoffeln
trigo: Weizen
trucha: Forelle
turrón: Mandelgebäck

U
uva: Weintraube

V
venado: Hirsch
verduras: Gemüse, Salate
vinagre: Essig
vino: Wein
– blanco: Weißwein
– del país: Landwein
– dulce: süßer Wein
– rosado: Roséwein
– seco: trockener Wein
– tinto: Rotwein

Z
zanahoria: Mohrrübe
zumo (de frutas): Fruchtnektar

Nützliche Adressen und Reiseservice

Auf einen Blick
Einwohner: 704 000 (mit Vorstädten 1 343 900).
Verwaltung: Sevilla, die viertgrößte Stadt Spaniens, ist Hauptstadt der gleichnamigen Provinz sowie der Autonomen Region Andalusien, deren Autonomiestatut 1981 per Referendum verabschiedet wurde.
Sprache: Gesprochen wird Spanisch, allerdings mit einem selbst für des Spanischen mächtige Ausländer ausgesprochen schwer verständlichen Akzent.
Lage: Sevilla erstreckt sich 20 m über dem Meeresspiegel zu beiden Seiten des Guadalquivir rund 70 km von dessen Mündung in den Atlantik entfernt. Das Klima ist mediterran mit atlantischem Einfluss.
Wirtschaft: Die Nutzung des Expogeländes als Technologiepark hat dazu geführt, dass Forschung und Entwicklung sowie Hightech-Produktion Sevillas inzwischen 10 % des BIP der Provinz ausmachen. Im Jahr 2006 betrug dieses 32 136 Mrd. €, was nach Angaben der Handelskammer Sevillas praktisch dem Haushalt der Regionalregierung Andalusiens für 2008 entsprach. 2007 wurden im Umland Sevillas die ersten zwei eines Netzes von sieben Solarenergiezentralen eröffnet, das mit 300 MW Leistung Strom für alle rund 180 000 Haushalte Sevillas erzeugen wird.

Anreise
Mit dem Auto
Außer einem zusätzlichen Warndreieck – zwei davon im Auto zu haben ist in Spanien seit 2000 Pflicht – sollte man für den Sevilla-Besuch mit dem Auto genügend Zeit mitbringen. Drei **Hauptrouten** bieten sich an: Vom französischen Biarritz über San Sebastián, Burgos, Madrid und Córdoba führt der Weg vom Feinschmeckerparadies im grünen Norden durch das Kernland von Altkastilien hinüber nach Castilla-La Mancha und von dort aus mitten hinein in die Olivenhaine Andalusiens. Wer am Mittelmeer über Girona und Barcelona anreist, der kann sich entscheiden: Entweder fährt er den langen Abstecher nach Madrid und dann weiter wie gehabt, oder er wählt die Reise entlang der spanischen Levante-Küste.

Auf Autobahnen, die mit einem A gekennzeichnet sind, muss man mitunter tief in die Tasche greifen. Die **Höchstgeschwindigkeiten** betragen in bebauten Bereichen 50 km/h, außerhalb dieser Bereiche 90–100 km/h und auf Autobahnen 120 km/h. Die grüne Versicherungskarte sollte man auf alle Fälle immer mit dabei haben.

2007 wurde in Spanien der Punkteführerschein eingeführt, und dass Strafpunkte in Europa grenzübergreifend berücksichtigt werden, ist angeblich nur noch eine Frage der Zeit.

Mit dem Bus
Informationen bei der
Deutschen Touring GmbH:
– München, Arnulfstr. 3 (im Starnberger Bahnhof); Tel. 0 89/88 98 95 13
– Frankfurt, Am Römerhof 17; Tel. 0 69/7 90 30; www.deutsche-touring.de

Mit dem Flugzeug
Der Flughafen **Aeropuerto Nacional de San Pablo** liegt an der autobahnähnlich ausgebauten Nationalstraße IV auf km 532 rund 12 km von Sevilla entfernt in Richtung Carmona/Córdoba. Er kann mit dem Taxi oder mit einem Flughafenbus erreicht werden. Die Fahrt mit dem Flughafenbus in die Stadt dauert ca. 20 Min. und kostet 2 € (Hin- und Rückfahrt 3,50 €). Abfahrt der städtischen Busse ist an der Estación de Santa Justa alle halbe Stunde (www.tussam.es; Tel. 902 21 03 17). Die Anfahrt mit dem Taxi dauert rund 15 Min. und kostet 19,04 € oder 21,24 € (verbindlicher Festpreis aus dem Stadtgebiet).

Aeropuerto Nacional de San Pablo ⟶ S. 115, östl. F 15
Flughafenbehörde Aena;
Tel. 902 40 47 04; www.aena.es
Iberia: www.iberia.es

Mit dem Zug
Ab Madrid – und bald auch ab Barcelona – erreicht man Sevilla mit dem Hochgeschwindigkeitszug AVE in knapp 2 1/2 Std., sodass sogar ein Tagesausflug von Madrid aus lohnt. Je nach Tageszeit kosten Hin- und Rückfahrt in der Touristenklasse ab 117 €, komfortabler geht es in der »clase preferente« (ab 175 €) oder in der Club-Klasse (ab 212 €) zu. Wer den günstigsten Tarif will, muss im »horario valle« außerhalb der Stoßzeiten fahren. Ansonsten fährt der AVE täglich ab 7 bis 21 Uhr elfmal hin und her, an Wochenenden fünfmal ab 7.30 bis 22 Uhr (ab Madrid).

Auskunft und Reservierung: Tel. 902 24 02 02; www.renfe.es. Abfahrt und Ankunft in Madrid in der **Estación de Atocha** und in Sevilla an der **Estación de Santa Justa**.

Estación de Santa Justa
Avda. de Kansas City; ⟶ S. 115, F 14
Tel. 954 41 47 00

AUSKUNFT
In Deutschland
Kurfürstenstr. 180, 10707 Berlin;
Tel. 0 30/8 82 65 43, Fax 8 82 66 61;
www.spain.info

In Österreich
Walfischgasse 8/14, 1010 Wien;
Tel. 01/5 12 95 80, Fax 5 12 95 81

In der Schweiz
Seefeldstr. 19, 8008 Zürich;
Tel. 0 44/2 52 79 30, Fax 2 52 62 04;
E-Mail: zurich@tourspain.es

In Sevilla
Büros der Junta de Andalucía
www.andalucia.org;
– Aeropuerto de ⟶ S. 115, östl. F 15
  San Pablo; Tel. 954 44 91 28
– Avda. Constitución, 21; ⟶ S. 117, F 17
  Tel. 954 22 14 04
– Estación Santa Justa; ⟶ S. 115, F 14
  Tel. 954 78 20 02

Büro der Deputación Provincial
www.turismosevilla.org;
Plaza del Triunfo, 1; ⟶ S. 114, A 16
Tel. 954 21 00 05 bzw. 902 07 63 36

Fremdenverkehrsbüros der Stadt
www.sevilla.org, www.turismo.sevilla.org

Entfernungen (in km) zwischen wichtigen Orten bei Sevilla

	Cádiz	Carmona	Ècija	Huelva	Itálica	Jerez de la Frontera	Málaga	Osuna	Sanlúcar de Barrameda	Sevilla
Cádiz	–	147	206	215	129	36	256	172	59	123
Carmona	147	–	53	128	40	111	190	65	113	34
Ècija	206	53	–	177	89	142	165	37	152	83
Huelva	215	128	177	–	98	180	306	183	191	94
Itálica	129	40	89	98	–	96	218	95	103	12
Jerez de la Frontera	36	111	142	180	96	–	235	136	24	90
Málaga	256	190	165	306	218	235	–	123	249	212
Osuna	172	65	37	183	95	136	123	–	153	89
Sanlúcar de Barrameda	59	113	152	191	103	24	249	153	–	97
Sevilla	123	34	83	94	12	90	212	89	97	–

Sevilla von A–Z

- Plaza de San Francisco, ---> S. 113, F 11
  19, Edif. Laredo; Tel. 954 59 52 88
- Naves del Barranco, ---> S. 112, C 10
  C. Arjona, 28; Tel. 902 194 897 (speziell für Geschäfts-/Kongresstourismus);
  E-Mail: barranco.turismo@sevilla.org

Buchtipps

Der maurische Traum – Dimensionen der Sinnlichkeit in al-Andalus. Wer sich für die kulinarische Kultur der Mauren interessiert, dem sei dieses von **Peter Hilgard** verfasste Buch (Verlag Winfried Jenior, Kassel 1997) empfohlen. Darin schildert der Autor kenntnisreich und amüsant den Umgang der Mauren mit Speisen und Getränken, Rausch- und Liebesdrogen, Düften, Kräutern und Gewürzen.

Auf Deutsch sind jetzt endlich auch die ersten drei Bände von **Arturo Pérez-Revertes** Romanreihe **Alatriste** erschienen. Unter den drei 2006 in einem Sammelband bei btb publizierten Folgen ist zwar nicht »Das Gold des Königs«, das in Sevilla spielt, doch gerade die ersten beiden Folgen (**Hauptmann Alatriste** und **Reinheit des Blutes**) führen uns mitten hinein in Spaniens »Siglo de Oro«. (Random House/btb). Auch **Das Gold des Königs**, die Fortsetzung der Geschichte von Alatriste, ist überaus packend und inzwischen bei btb erschienen

Diplomatische Vertretungen

Deutsches Konsulat ---> S. 113, F 11
C. Fernández y Gonzalez, 2-2°, Edificio Allianz (Plaza Nueva); Tel. 00 34/954 23 02 04, Fax 00 34/954 23 95 52; www.sevilla.diplo.de; Mo-Fr 8.30–12 Uhr (telefonisch erreichbar Mo-Do 7.45–17, Fr 7.45–13.45 Uhr)
Erreichbarkeit in Notfällen: Bürgerservice Auswärtiges Amt; Tel. 00 34/30 50 00 20 00; nur für dringende Notfälle: 00 34/620 75 65 17

Honorarkonsulat Österreich
---> S. 119, südl. D 24
C. Cardenal Ilundáin 18, Edificio 1-5° F; Tel. 00 34/954 98 74 76, Fax 954 98 74 76; www.bmeia.gv.at/madrid

Schweizer Botschaft
C. Nunez de Balboa, 35-7°, 28001 Madrid; Tel. 00 34/914 36 39 60, Fax 914 36 39 80; www.eda.admin.ch

Feiertage

- **1. Jan.** Neujahrstag (Año Nuevo)
- **6. Jan.** Hl. Drei Könige (Epifanía del Señor/Reyes Magos)
- **28. Feb.** Andalusiens Regionalfeiertag (Día de Andalucía)
- **19. März** St. Josef (San José – nur in manchen Jahren)
- **Karwoche** Gründonnerstag/Karfreitag
- **1. Mai** Tag der Arbeit (Día del Trabajo)
- **25. Juli** Nationalfeiertag (Santiago)
- **15. Aug.** Mariä Himmelfahrt (Asunción de la Virgen)
- **12. Okt.** Entdeckung Amerikas (Día de la Hispanidad)
- **1. Nov.** Allerheiligen (Todos los Santos)
- **6. Dez.** Verfassungstag (Día de la Constitución Española)
- **8. Dez.** Mariä Empfängnis (Inmaculada Concepción)
- **25. Dez.** Weihnachtstag (Navidad)

Nebenkosten in Euro	
1 Tasse Kaffee	0,90–1,50
1 Bier	0,90–1,50
1 Cola	1,50–2,00
1 Weißbrotstange	1,00
1 Schachtel Zigaretten	2,00–4,00
1 Liter Benzin	1,10–1,40
Öffentl. Verkehrsmittel (Einzelfahrt)	1,00
Mietwagen/Tag	ab 40,00

Stand: Dezember 2007

Auskunft – Notruf

Geld

Auch Spanien ist seit 2002 Mitglied der Euro-Zone. Am günstigsten kommt man mit der EC-Karte am **Geldautomaten** an sein Erspartes (Höchstbetrag 180 bis 300 €, je nach Bank); die Gebühr liegt allerdings bei 5 €.

Die Banken öffnen Mo–Fr von 8.30–14, Sa nur bis 13 Uhr. In Einkaufszentren und am Flughafen gibt es nachmittags geöffnete Filialen.

Kreditkarten sind weit verbreitet und für Reisende aus Nicht-Euro-Ländern von den Wechselkursen her ebenso günstig wie der Geldautomat. Für den Auslandseinsatz fällt 1 % als Gebühr an, was die Kreditkarte zum günstigsten Zahlungsmittel macht. Am weitesten verbreitet sind Mastercard, Visa und Diners Club, American Express ist seltener.

Golf

TIP Golfclub El Real Club de Golf de Sevilla

Rund zehn Minuten vom Stadtzentrum Sevillas entfernt liegt dieser äußerst gepflegte Golfclub, den der bekannte spanische Golfspieler José Olazábal ganz nach seinen exklusiven Vorstellungen entworfen hat. Inmitten der trockenen Landschaft, die Sevilla umgibt, laden die grünen Wiesen des Clubs, umgeben von kleinen Seen und Brücken sowie sanften Hügeln und bepflanzt mit Palmen und Blumen, zum Golfen ein. Der Golfplatz umfasst insgesamt 61 ha (40 ha Rasenfläche) mit breiten Wegen und »Greens« von 500 qkm und ist ideal sowohl für Profis als auch für Anfänger. Der »Kinderclub« verfügt über Kinderhort, Spielräume, Spielplatz, ein Kinder- und Babybecken sowie eine Kindergolfschule.

Anfahrt über die Umgehungsstraße SE-30 in Richtung Utrera (2 km von Sevilla entfernt); Tarife: Greenfee von Mo bis Fr 95 € + 8 € Clubgebühr (Sonderpreise für Hotelgäste und bei Vermittlung durch ein Reisebüro); Tel. 954 12 43 01, Fax 954 12 42 29; www.sevillagolf.com

Internet

www.elgiraldillo.es (Programmzeitschrift, besser gedruckt)
http://sevilla.lanetro.com (sehr umfassend, gute Suchfunktion, hervorragende Stadtpläne; nur Spanisch)
www.guiadelocio.com/sevilla (Szene-Guide, nur Spanisch)

Spanienweite Seiten:
www.clubbingspain.com
www.festivales.com
www.deflamenco.com

Medizinische Versorgung

Centro de Urgencias
⤳ S. 114, C 15–16
Bekannt als **Antigua Casa de Socorro**. Wird derzeit aufwendig modernisiert, Neueröffnung für 2009 vorgesehen.
C. Menéndez Pelayo, s/n

Cruz Roja (Rotes Kreuz)
Avda. de la Cruz Roja, 1 ⤳ S. 111, D 7

Hospital Virgen del Rocío (Notaufnahme) ⤳ S. 118, südl. A 24
Avda. Manuel Siurot

Notaufnahmen (»urgencias«)
Staatliche Krankenhäuser (»Insalud«) wie auch manche private Klinik verfügen über eine Notaufnahme.

Apotheken
Im Schaufenster jeder Apotheke findet man Hinweise auf die nächstgelegene Notdienst-Apotheke (bzw. unter Tel. 0 10). Ansonsten gelten die üblichen Öffnungszeiten.

Notruf

Ärztlicher Notruf Tel. 0 61 und 1 12
Ärztlicher Notdienst
Zentrale Rufnummer Tel. 90 250 50 61
Feuerwehr (»bomberos«) Tel. 0 80
Nationale Polizei (Policía Nacional) Tel. 0 91
Polizeikommissariat
Plaza de la Gavidia; Tel. 954 22 88 40
Lokalpolizei Tel. 0 92
Sammel-Notruf Tel. 1 12

Post

Spaniens Briefkästen sind gelb mit einem roten Posthorn. Briefmarken (»sellos«) erhält man in den staatlichen Tabakgeschäften (»estancos«). Ein Brief bis 20 g bzw. eine Postkarte kosten innerhalb Spaniens 0,30 €, innerhalb der EU 0,58 € sonst 0,78 €. Briefe kommen leider oft mit erheblicher Verzögerung in Deutschland an.

Hauptpostamt ---> S. 113, F 12
Avda. de la Constitución, 32;
Tel. 902 19 71 97; www.correos.es;
Mo–Sa 9–21 Uhr
Paketdienst ---> S. 118, südl. A 24
Avda. de la Raza, 4
Internationale und nationale Telegramme Tel. 902 19 71 97

Reisedokumente

Personalausweis oder Pass reicht für Besucher aus Deutschland, Österreich und der Schweiz zur Einreise. Ab einer Aufenthaltsdauer von drei Monaten sind Schweizer visumpflichtig, EU-Bürger müssen ab einer Aufenthaltsdauer von 183 Tagen im Jahr die »Numero de Identificación de Extranjeros« (NIE) beantragen, brauchen jedoch keine Aufenthaltsgenehmigung mehr. Für das Auto muss die grüne Versicherungskarte mitgeführt werden.

Reiseknigge

Im Grunde handelt es sich um einen Ausdruck von Freundlichkeit: Sevillanos haben alles, können alles, wissen alles, machen alles. Kurz: Sie sagen niemals nein. Fragt man nach dem Weg, gibt auch der bereitwillig Auskunft, der nicht die geringste Ahnung hat. Fragt man in einem Restaurant nach einem bestimmten Gericht, bekommt man es auch serviert, egal wie frisch es ist. Und fragt man den Taxifahrer, ob man den Flieger noch schafft, sagt auch er niemals nein.

Daher erkundige man sich in einer Bar oder einem Restaurant nie nach seinem Lieblingsgericht, sondern man bestellt, was alle essen, oder lässt sich etwas empfehlen. Und wenn eine Wegbeschreibung nicht wirklich überzeugend war, konsultiert man am besten ungeniert den Nächsten.

Die meisten von Sevillas Kirchen sind rund um die Gottesdienste geöffnet. Es sind also stets in erster Linie Stätten der Andacht und des Gebets und erst danach Sehenswürdigkeiten. Ebenso sind Geschäfte mit Orfebrería-Silberschmiedewerk und Amuletten keine Souvenirläden.

Bei Flamencodarbietungen in den einschlägigen Lokalen überlassen wir das Mitklatschen und die Olés während den Stücken denen, die davon etwas verstehen. Üben und mitklatschen sollte man eher in den Hotel- und ausgeprägten Touristen-Tablaos.

In Spanien begrüßen sich zwei Frauen untereinander sowie Männer und Frauen mit zwei Küssen, einen auf jede Wange. Dabei küsst man Wange auf Wange, nicht Lippe auf Wange. Hombres untereinander geben sich die Hand, nur sehr gute Freunde oder Verwandte umarmen sich.

Trinkgeld zu geben ist in Sevilla üblich. 10 % des Rechnungsbetrags sind im Restaurant Richtwert für ein gutes Trinkgeld, das am Tisch oder am Tresen einer Bar als Wechselgeld zum Beispiel auf einem Tellerchen zurückgelassen wird. Wenn man zu einem Getränk an der Bar keinen Happen gereicht bekommt, ist auch kein Trinkgeld angebracht. Hotelpersonal, Taxifahrer und Gepäckträger bekommen ebenfalls ein Trinkgeld, eine 50-Cent-Münze sollte es schon sein.

Reisezeit

In Sevilla herrscht Mittelmeerklima, mit einigen wenigen kühleren Zonen; pro Jahr zählt man durchschnittlich 2862 Sonnenstunden. Beste Reisezeit ist der Frühling: Zwar erinnern die Temperaturen häufig schon Ende April und im Mai an den mitteleuropäischen Sommer, aber noch klebt die Kleidung nicht bis in die Nacht am Körper, und Himmel und Licht lassen

Sevilla in ihren schönsten Farben erstrahlen. Die Düfte nach Blumen und Orangenblüten geben der Stadt im Frühling einen paradiesischen Anstrich. Zu dieser Zeit finden auch die wichtigsten festlichen Ereignisse (Semana Santa, Feria, Rocío) statt.

Im Sommer ist Sevilla eine der heißesten Städte ganz Spaniens: An vielen Tagen steigt das Thermometer auf 35 bis 38 °C, gelegentlich sogar auf bis zu 44 °C. Aber auch die heiße Jahreszeit hat ihren Reiz, denn im Sommer erscheint die ganze Stadt wie elektrisiert, die Bars und Terrassen sind bis spät in die Nacht bevölkert, und besonders am Flussufer des Guadalquivir ist es abends gut auszuhalten. Im Gegensatz zu Metropolen wie Madrid im Landesinnern scheinen auch Temperaturen um 40 °C niemanden in Panik zu versetzen, schließlich liegt das Meer »gleich nebenan«.

Im Herbst wirkt die Stadt mit ihren Menschen sanfter und weit weniger aggressiv als im Sommer. Auch wenn in dieser Jahreszeit kaum Feste stattfinden, hat sie ihren Reiz – besonders für Besucher, die einen ruhigen Aufenthalt in Sevilla planen. Im Winter schwanken die Temperaturen zwischen 11 °C und 14 °C, graue Tage sind nicht selten; auch an den kältesten Wintertagen sinkt die Temperatur aber nicht unter 2 oder 3 °C.

Regen fällt zum Bedauern nicht nur der Landwirte äußerst selten (im Jahr durchschnittlich nur 591 mm). Doch wenn es regnet, ist Vorsicht angeraten: Regen- und Hagelgewitter sind hier Urgewalten, mitunter begleitet von zerstörerischen Tornados. Niederungen und vor allem Sturzbachbetten sind dann unbedingt zu meiden.

Einen dicken Pullover sollte man im Winter auf jeden Fall im Gepäck haben, auch im Frühling kann man ihn für alle Fälle gebrauchen. Wer Ausflüge in die Sierra, ans Meer oder gar nach Granada plant, muss sowohl für Hitze als auch für kühlere Temperaturen ausgerüstet sein.

Sprache

In Andalusien wird Spanisch meist mit einem ausgeprägten Akzent gesprochen, bei dem Silben am Wortende oft »verschluckt« werden. Junge Leute sind heute in der Regel auch des Englischen mächtig. Bessere Restaurants halten eine Speisekarte in Deutsch, Englisch oder Französisch bereit. Hier die wichtigsten Ausspracheregeln:
- Das u ist nach q und g stumm (que? [Ke], was/welcher?)
- Das ñ wird wie der deutsche Laut gn in Champagner gesprochen.
- Das doppelte ll entspricht lautlich fast einem deutschen j, wie es zwischen i und o in Radio anklingt.
- Das j etwa in jardín (Garten) klingt wie ch in Dach.
- Das c klingt vor a und u hart wie das k im deutschen Kaffee (café). Vor i und e wird das c gelispelt, wie beim englischen th.
- Auch das z wird wie das englische th ausgesprochen.
- Das g vor a und u entspricht dem Deutschen, etwa wie in gucken. Vor i und e wird es zum ch aus Dach: gente (Leute).
- ch klingt wie das deutsche tsch wie Tschad und Pritsche.

Stadtrundfahrten

Wer Sevilla intensiv erkunden will, für den bedeutet die **Sevilla Card** einiges an Ersparnis. Es gibt sie für 24, 48 und 72 Std., was – Benutzung von Stadtbussen und Straßenbahn inbegriffen – 53,11 €, 66,22 bzw. 72,25 € kostet (über das Internet 2,50 bis 3 € Ermäßigung). Der Eintritt in den Vergnügungspark Isla Mágica (nachmittags) ist ebenso inbegriffen, wie der der meisten Museen. Auch die Benutzung der Stadtrundfahrtbusse (s. u.) und Sightseeingboote ist inklusive. Dazu kommen Rabatte in ausgewählten Restaurants und Geschäften. Die Webseite steht auch in etwas gebrochenem Deutsch zur Verfügung.

Die Sevilla Card erhält man online unter www.sevillacard.es; telefonische Auskunft unter 913 60 47 72 bzw. 902 08 89 08 (werktags 10–14 und 15–19, Sa 10–14 Uhr). Erwerb in Fremdenverkehrsbüros, am Flughafen und in den Bahnhöfen, Reisebüros sowie bei ICONOS (Avda. Constitución, 21; tgl. 10–19 Uhr).

Stadtrundfahrten mit dem Bus bieten **Sevirama** (www.sevirama.com; 15 €, Kinder/Senioren 5 €) und **Sevilla Tour** (www.sevillatour.com; 15 €/ 6 €). Beide verkehren täglich von 10 bis 18 Uhr (Sommer bis 22 Uhr). Zustieg an allen Haltestellen, u. a. Torre de Oro, Plaza de España, Isla Mágica, La Cartuja.

TELEFON

Die frühere Vorwahl 95 für Sevilla muss auch bei Ortsgesprächen mitgewählt werden. Bei Gesprächen ins Ausland wird die »00« statt früher der »07« gewählt. Ein Freizeichen muss nicht mehr abgewartet werden.

Die Tarife hängen von der jeweiligen Telefongesellschaft ab, sodass man sich evtl. an der Rezeption erkundigen sollte. Die meisten Anschlüsse haben für Inlandsgespräche heute eine Flatrate. In neueren Hotels auch der mittleren Preisklasse ist Internetanschluss auf den Zimmern inzwischen Standard, ein Café mit freiem WiFi-Zugang ist das La República (→ S. 39).

Die blau-grünen **Telefonzellen** der Telefónica funktionieren meist sowohl mit Münzen als auch mit Telefon- und Kreditkarten, wobei viele Apparate die Münzen ergebnislos schlucken. Eine Telefonkarte ist deshalb vorzuziehen. Ab 5 Cent aufwärts nehmen die Telefonzellen alle Münzen an. Telefonkarten für 6 oder 12 € erhält man in Tabakgeschäften (»estancos«) oder Geschäften der Telefónica (z. B. Plaza Nueva, 2). In den meisten Bars gibt es Fernsprecher, die aber teurer sind. Gastarbeiter aus Lateinamerika nutzen die günstigen Tarife von Prepaid-Karten. Man bekommt sie in »locutorios« (in Triana gibt es eine ganze Reihe), oder auch im Internet, z. B. bei www.tarjetas telefonicas.com mit Karten speziell für Spanien und Europa.

Telefonauskunft
National: u. a. Tel. 1 18 18, 1 18 11
International: Tel. 1 18 25
Telefondienste
Weckdienst: Tel. 0 96
Zeitansage: Tel. 0 93

Vorwahlen
Für Gespräche über andere Telefongesellschaften zu reduzierten Tarifen ist eine Vorwahlnummer notwendig, die ggf. der Inhaber des Telefons mitteilt. Ohne Vorwahl werden die Gespräche von Telefónica vermittelt.

D, A, CH → Sevilla 00 34
Sevilla → D 00 49
Sevilla → A 00 43
Sevilla → CH 00 41

TIERE

Das Mitbringen von Hunden ist in manchen Hotels gestattet. Doch sollte man sich erkundigen, ob die Tiere evtl. in Zwingern untergebracht werden. Gesundheitszeugnis vom Amtstierarzt sowie internationaler Impfpass sind für Katzen und Hunde Pflicht. Die

Die moderne Tranvía verkehrt zwischen Prado de San Sebastián und Plaza Nueva.

Formulare erhält man beim spanischen Konsulat in der Landessprache. Bei der Einreise muss die letzte Tollwutimpfung mindestens 30 Tage zurückliegen, aber höchstens ein Jahr.

VERKEHRSVERBINDUNGEN
Autofahren in Sevilla
Wer mit dem eigenen Auto nach Sevilla kommt, dem sei geraten, bei der Hotelreservierung anzumelden, dass er einen Parkplatz beansprucht will. Fast alle Hotels verfügen über Garagen oder bewachte »aparcamientos«.

Autoverleih-Firmen findet man am Flughafen und am Ave-Bahnhof sowie in der Innenstadt:
Atesa
Tel. 954 57 31 31; www.atesa.es
Avis
Tel. 954 53 78 61; www.avis.es
Sevilla Car ⇢ S. 117, E 17
Almirante Lobo, 1, Gebäude Cristina;
Tel. 954 22 25 87, Fax 954 22 55 95

Öffentliche Verkehrsmittel
Als Vorgeschmack auf die richtige U-Bahn ist seit 2007 die Metro Centro im Betrieb: eine Trambahnlinie durch den Kern der historischen Altstadt, die so auch von Bussen weitgehend befreit wurde. Bis zur Eröffnung der ersten U-Bahn-Linie (geplant für 2008) bleibt also der Bus das Hauptverkehrsmittel der Stadt. Die zentralen Busstationen sind **Plaza Nueva**, **Plaza de la Encarnación** und eingeschränkt auch die **Plaza del Duque**. Die »circulares« durchkreuzen ständig die Altstadt, die Linien C1 und C2 fahren bis zum Bahnhof Santa Justa und C1, C2, C3 nach Triana/Los Remedios.

Die Einzelfahrkarte direkt im Bus kostet 1 €. An Kiosken und in Tabakläden wird der sogenannte Bonobus, eine Zehnerkarte, verkauft. Für den einfachen Bonobus ohne Umsteigemöglichkeit (»sin transbordo«) muss man 4,35 € hinlegen, mit transbordo 5,34 €. Die **Tarjeta Turística** kostet 3,11 € pro Tag, 7,25 € für drei Tage und erlaubt beliebig viele Fahrten.

Information und Fundbüro der Verkehrsbetriebe ⇢ S. 118, C 22
C. Diego de Riaño, 2; Tel. 902 45 99 54;
www.tussam.es

Bus- und Zugverbindungen
Zu näher gelegenen Ausflugszielen bestehen gute Bus- und Zugverbindungen. Links zu den einzelnen Busunternehmen finden Sie auf www.turismo.sevilla.org (Allgemeine Informationen, Anreise, Busbahnhöfe).
Busbahnhöfe
– Estación Plaza de Armas ⇢ S. 112, C 9
 Plaza de Armas; Tel. 954 90 77 37
– Estación del Prado de ⇢ S. 118, C 21
 San Sebastián; C. Manuel Vázquez
 Sagastizabal s/n; Tel. 954 41 71 11
Zugbahnhof ⇢ S. 115, F 14
Estación de Ferrocarril de Santa Justa,
Avda. de Kansas City; Tel. 902 24 02 02;
www.renfe.es

Taxi
Ist man sich nicht sicher, ob der Fahrer einen überzogenen Preis verlangt, so gibt es ein Gegenmittel: Quittung (»recibo«) mit Fahrtstrecke (»recorrido«), Fahrzeit (»hora«) und Taxinummer (»número de concessión«) verlangen. Stimmt der Betrag nicht, dann

---

MERIAN-Tipp

10 Panoramafahrt auf dem Guadalquivir 🍽

Einstündige »Kreuzschifffahrten« werden täglich ab 11 Uhr am Flussufer angeboten, direkt an der Torre del Oro (alle halbe Stunde). Sie führen sowohl den Fluss hinauf als auch hinunter, vorbei an allen wichtigen Sehenswürdigkeiten, die das Ufer des Guadalquivir säumen. Die »Panoramatour« wird über Lautsprecher auf Spanisch, Englisch und Französisch kommentiert.

www.crucerostorredeloro.com; Ticket:
15 €, Kinder unter 14 Jahren frei
⇢ S. 117, E 17

erhält man jetzt oft einen unverhofften »Preisnachlass«. Der Grundpreis beträgt 1,09 bzw. 1,33 € (So/Fei und nachts), pro km 0,73/0,93 €, zum Flughafen 19,04/21,24 € (Tarife jeweils aktuell auf www.taxisevilla.com).
Radio Taxi Tel. 954 58 00 00
Tele Taxi Tel. 954 62 22 22
Radio Taxi Giralda Tel. 954 67 55 55

Kutschfahrten
Vor allem an der Kathedrale, im Park María Luisa und an der Torre del Oro steht täglich eine Reihe von Pferdekutschen bereit. Die Stunde kostet ab 30 €, der offizielle Höchstpreis etwa zur Feria oder in der Osterwoche ist 72,11 €/Std. Doch nicht nur Touristen beklagen sich oft über Preise in ganz anderen Dimensionen. Reporter von Telecinco berichteten im April 2007, sie hätten unter 150 € keinen Kutscher zum Fahren bewegen können.

Wirtschaft
Andalusien ist bis heute eines der industriell am wenigsten entwickelten Gebiete Spaniens. Die Landwirtschaft tut sich aufgrund langer Trockenperioden, teils ungenügender Bewässerungssysteme und mangelnder Technologie vielerorts schwer, fast 14 % der aktiven Bevölkerung sind trotz der Verbesserung am spanischen Arbeitsmarkt noch immer arbeitslos.

Hoffnungsvoller stimmt der Tourismusboom: Seit der Expo '92 zeigt sich Sevilla in einem anderen Licht. Zahlreiche Gebäude und Hotels wurden aufwendig restauriert, und die Infrastruktur ist kaum mehr wiederzuerkennen. Dank des Urlauberbooms, der (zögerlichen) Annäherung an das britisch verwaltete Gibraltar und der Globalisierung der Kommunikation ist Andalusien langsam, aber deutlich auf dem Weg aus seiner traditionellen Isolation. Dazu trägt auch bei, dass die herrliche Costa de la Luz zunehmend touristisch erschlossen wurde und Jerez de la Frontera gut mit Charterflügen erreichbar ist.

Zeit
Die Uhren werden jeweils am letzten Sonntag im März um eine Stunde auf die Sommerzeit vor- und am letzten Oktobersonntag eine Stunde zurückgestellt. Es gelten also die gleichen Uhrzeiten wie in Deutschland.

Zeitungen
Ausländische Presse bekommt man in Sevilla am ehesten am Bahnhof und am Flughafen. Die wichtigsten überregionalen Tageszeitungen sind »El País«, »El Mundo« und »El ABC«. »El País« ist eine liberale Tageszeitung. »El Mundo« wurde 1988 als regierungskritische Zeitung gegründet, tat sich durch das Aufdecken wichtiger Skandale hervor, unterscheidet allerdings kaum zwischen Gerücht und Tatsache. »ABC« ist eine konservative Tageszeitung, rechts davon hat sich »La Razón« etabliert.

Monatlich erscheint die Programmzeitschrift »La Giraldilla«, in der neben Kino-, Theater- und Ausstellungsprogramm auch Restaurants, Bars, Diskotheken usw. zu finden sind und die man kostenlos in Hotels und Touristeninformationszentren erhält. In ganz Sevilla bekommt man dank des Urlauberbooms auch internationale Presse (aus Deutschland meist die »FAZ« und die »Süddeutsche Zeitung«). In Málaga erscheint die deutschsprachige Wochenzeitung »Costa del Sol Nachrichten«.

Zoll
Sofern mitgeführte Waren dem privaten Verbrauch dienen, unterliegen Reisende aus EU-Ländern keinen Ein- oder Ausfuhrbeschränkungen. Für Schweizer Staatsbürger sind die Freimengen beschränkt: 2 l Wein, 1 l Spirituosen mit mehr oder 1,5 l mit weniger als 22 Vol.-%-Alkoholgehalt, 200 Zigaretten oder 50 Zigarren, Souvenirs im Wert von 200 sfr.

Weitere Auskünfte erhalten Sie im Internet unter www.zoll.de, www.bmf.gv.at/zoll und www.zoll.ch.

Kartenatlas

Orientierung leicht gemacht: mit Planquadraten und allen Orten und Sehenswürdigkeiten.

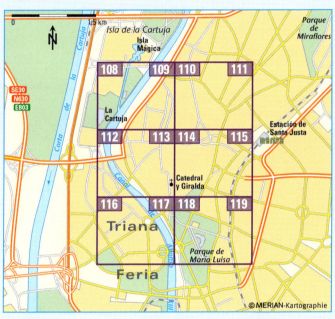

Legende

Routen und Touren
- Auf den Spuren des Weltkulturerbes (S. 78)
- Spaziergang durchs Barrio de Santa Cruz (S. 80)
- Entlang des Guadalquivir durch El Arenal (S. 82)

Sehenswürdigkeiten
- MERIAN-TopTen
- MERIAN-Tipp
- Sehenswürdigkeit, öffentl. Gebäude
- Kirche
- Kloster
- Synagoge
- Museum
- Leuchtturm

Sehenswürdigkeiten ff.
- Denkmal
- Archäologische Stätte
- Höhle

Verkehr
- Autobahn
- Autobahnähnliche Straße
- Fernverkehrsstraße
- Hauptstraße
- Nebenstraße
- Sonstige Straßen
- Parkmöglichkeit
- Busbahnhof
- Bahnhof
- Straßenbahn-Haltestelle

Verkehr ff.
- Schiffsanleger
- Flugplatz
- Flughafen

Sonstiges
- Information
- Theater
- Markt
- Golfplatz
- Friedhof
- Naturparkgrenze
- Naturpark

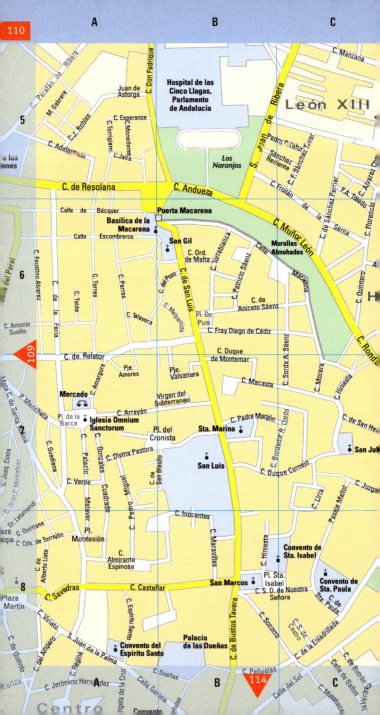

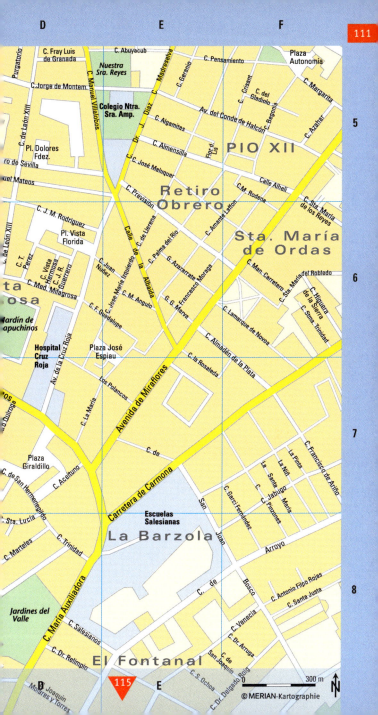

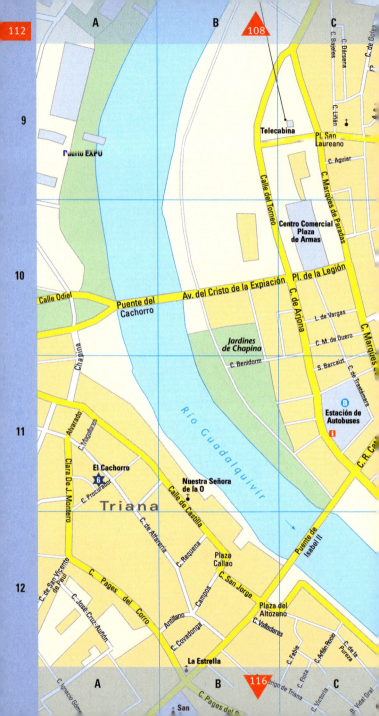

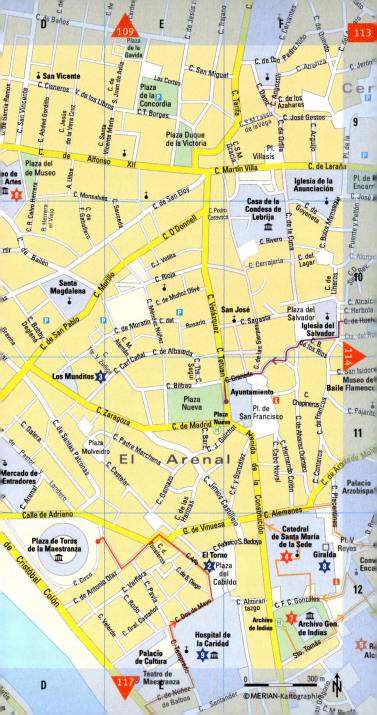

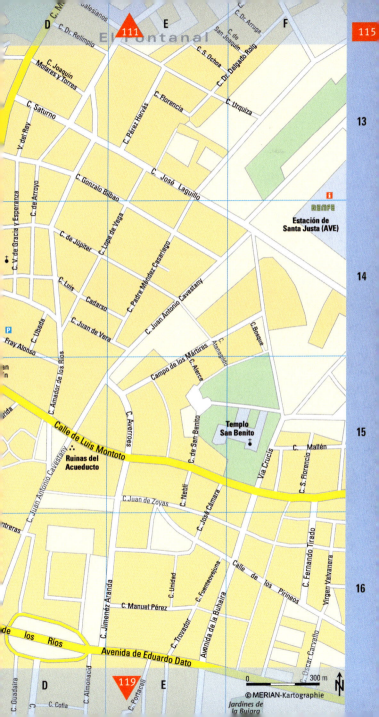

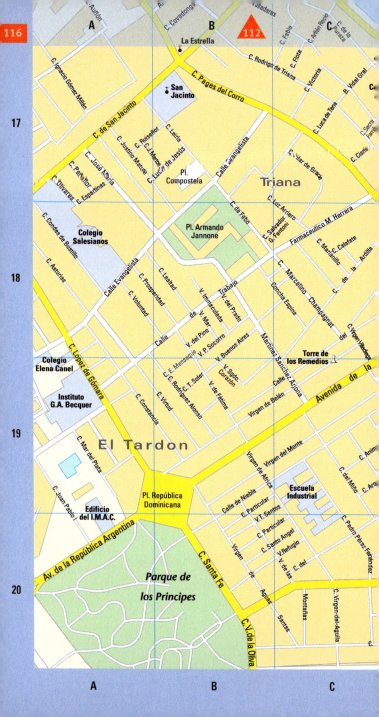

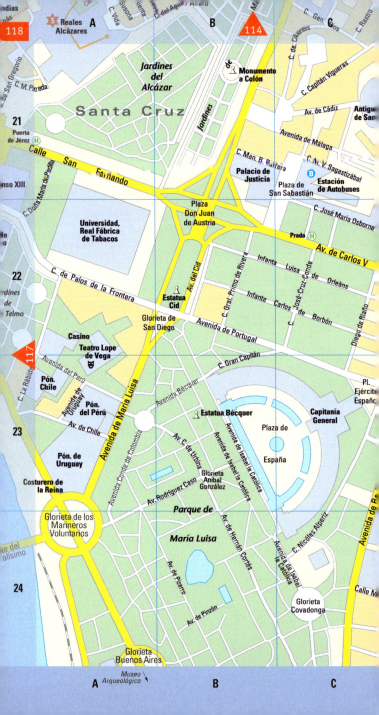

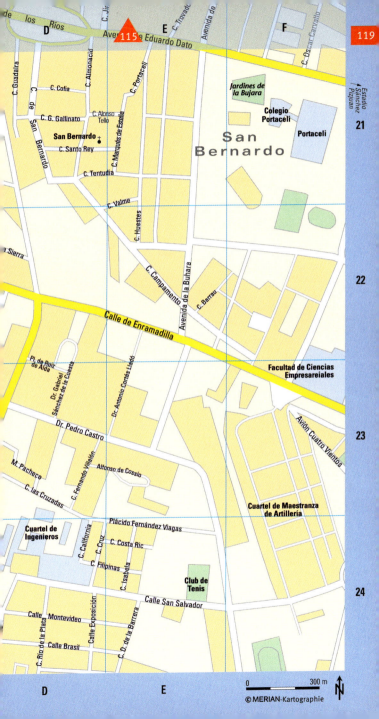

Kartenregister

A

Abades, C. de los 114, A16
Abad Gordillo, C. 113, D9
Abuyacub, C. 111, E5
Aceituno, C. 111, D7
Adelantado, C. 110, A5
Adriano, C. de 113, D11
Aguiar, C. 112, C9
Aguilas, C. 114, B14
Aire, C. de 114, A15
Alameda de Hércules, C. 109, F3
Albacara, C. 110, C5
Albaida, C. de la 111, E6
Albareda, C. de 113, E10
Alberto Lista, C. de 110, A8
Albuera, C. 112, C11
Alcaicería, C. 114, A14
Alcalde Isacio Contreras, C. 115, D16
Alcántara, C. 111, D7
Alcázares, C. de 114, A13
Alcores, Pje. 114, B15
Alcoy, C. de 109, E3
Alegría, C. V. 114, C15
Alejo-Fernández, C. 114, C16
Alemanes, C. 113, F11
Alerce, C. 115, E15
Alfaqueque, C. 112, C9
Alfarería, C. de 112, A12
Alfonso de Cossío 119, E23
Alfonso XII, C. de 113, D9
Algamitas, C. 111, E5
Alhelí, C. 111, F5
Alhóndiga, C. de 114, B14
Almadén de la Plata, C. 111, E6
Almansa, C. 113, D11
Almensilla, C. 111, E5
Almirantazgo, C. 113, F12
Almirante Apodaca, C. de 114, B13
Almirante Espinosa, C. 110, A8
Almirante Lobo, C. de 117, F17
Almonacid, C. 119, D21
Almudera, C. 114, B13
Alonso El sabio, C. 114, A14
Alonso Tello, C. D21, 119
Alvarado 112, A11
Alvarez Chanc, C. 110, C5
Alvarez Quintero, C. de 113, F11
Amador de los Ríos, C. 115, D14
Amante Laffon, C. 111, E6

Amargura, C. 110, A7
Amor de Dios, C. de 109, F4
Amores, Pje. 110, A7
Amparo, C. de 110, A8
Andalucía, Co. de 108, C1
Andueza, C. 110, B5
Angeles, C. de 114, A16
Angostilio, C. 113, F9
Aniceto Sáenz, C. de 110, B6
Animas, C. 116, C19
Antillano Campos, C. 112, B12
Antonia Sáenz, C. de 110, C6
Antonio Díaz, C. de 113, D12
Antonio Filpo Rojas, C. 111, F8
Antonio Susillo, C. 109, F2
Araceli, V. de 117, E20
Archeros, C. 114, B16
Arcos, C. 117, D19
Ardilla, C. de la C. 18, 116
Arenal, C. 113, D11
Arfián Rocío, C. 112, C12
Argote de Molina, C. de 113, F11
Arguijo, C. 113, F9
Arias, C. 109, F3
Arjona, C. de 112, C10
Armenta, C. 114, C15
Arqueros, C. 116, C19
Arrayán, C. 110, A7
Arroyo, C. de 115, D13
Arroyo, C. de 111, F8
Artemisa, C. 114, C13
Asturias, C. 116, A18
Asunción, C. de la 117, D19
Atanagildo, C. 115, E14
Atanasio Barrón, C. 114, C15
Atienza, C. 113, F9
Augusto Plasercia, C. 114, A14
Averroes, C. 115, E15
Avión Cuatro Vientos 119, F23
Azafrán, C. de 114, C13
Azahar, C. 111, F5
Azahares, C. de los 113, F9

B

B. de los Ríos., C. 113, F10
B. Vidal Gral 116, C17
Bacarisas 117, D18
Bailén, C. de 113, D10
Bajeles, C. 112, C9
Bamb. 114, A15
Baños, C. de 109, D4
Barc., C. 113, E11
Barca, Pl. de la 110, A7
Barco, C. 109, F4

Barrau, C. 119, E22
Barrera, C. D. de la 119, E24
Bazán, A. de 109, E2
Becas, C. 109, F3
Bécquer, Av. 118, B23
Bécquer, C. de 110, A6
Begonia, C. 111, F5
Bejar, C. 116, C19
Benidorm, C. 112, B11
Betis, C. 117, D17
Bilbao, C. 113, E11
Bobby, C. 113, D10
Borbolla, Av. de 118, C23
Bordador R. Ojeda, C. 110, C7
Bosque, C. 115, F14
Boteros, C. 114, A14
Brasil, C. 119, D24
Buenos Aires, V. 116, B19
Buhaira, Av. de la 115, E16
Buhara, Av. de la 119, E22
Buiza Menseque, C. 113, F10
Bustos Tavera, C. de 110, B8
Butrón, C. de 114, C13

C

C. de Urbina, Av. 118, B23
Caballerizas, C. B14, 114
Cabo Noval, C. 113, F11
Cádiz, Av. de 118, C21
Calafate, C. 116, C18
Calatrava, C. 109, F2
Caleria, C. 114, C14
California, C. 119, D24
Callejón del Agua 114, B16
Campamento, C. 119, E22
Canalejas, C. 113, D10
Cano y Cueto, C. 114, C16
Capitán Vigueras, C. 118, C21
Card. Cervantes, C. 114, B14
Cardenal Spínola, C. 109, E4
Carl Cañal, C. 113, E11
Carlos V, Av. de C22, 118
Carmona, Carretera de 111, E7
Castelar, C. 113, E11
Castellar, C. 110, A8
Castilla, C. de 112, B11
Castillo Lastrucci 109, D4
Catalina de Ribera, Po. 114, C16
Conde de Torrejón, C. 109, F4

Celinda, C. 114, B15
Cepeda, C. 113, D9
Cerrajería, C. 113, F10
Cervantes, C. 109, F4
Chapina, C. 112, A11
Chapineros, C. 113, F11
Chile, Av. de 118, A23
Cid, Av. del 118, B22
Cifuentes, C. de 114, C16
Cinco, C. 113, D12
Cisne, C. 116, C17
Cisneros, C. 113, D9
Ciudad de Ronda, C 119, D22
Clara de J. Montero, C. 112, A11
Clavijo, C. 109, E2
Cofia, C. 119, D21
Concepción, C. 114, C14
Conde Barajas, C. de 109, E4
Conde de Colombia, Av. 118, A23
Conde de Halcón, Av. del 111, E5
Conde de. Ibarra, C. 114, B15
Conde Negro, C. 114, C14
Condes de Bustillo, C. 116, A18
Constancia, C. 116, A19
Constitución, Av. de la 113, F11
Conteros., C. 113, F11
Corral de Rey, C. 114, A15
Cortés, C. 109, E4
Costa Rica, C. 119, E24
Covadonga, C. 112, B12
Crédito, C. 109, F2
Crisant, C. 111, F5
Cristo de la Expiación, Av. del 112, B10
Cristo del Buen Fin, C. 109, D3
Cruces, C. 114, B16
Cruz Roja, Av. de la 111, D6
Cruz, C. 119, D24
Cta. del Rosario 113, F10
Cuba, Pl. de 117, D18
Cuna, C. de la 113, F10
Curtidurías, C. 109, D3

D

Daoiz, C. 113, F9
Dársena, C. 112, C9
Deglané 113, D10
Delcalzos, C. 114, B14
Demetrio de los Ríos, C. 115, D16
Descubrimientos, Camino de los 108, A4
Diego de Riaño 118, C22
Diego Merlo, C. 114, C13
Divina Pastora, C. 110, A7
Don Fadrique, C. 110, A5

Kartenregister 121

Don Pedro Niño, C. de 113, F9
Don Remendo 114, A16
Doña Maria Coronel, C. 114, B13
Doña Maria de Padilla, C. 118, A21
Doncellas, C. 114, B16
Dos de Mayo, C. 113, E12
Dr. Antonio Cortés Lladó, C. 119, E23
Dr. Arruga, C. 111, F8
Dr. Delgado Roig, C. 111, F8
Dr. Gabriel Sánchez de la Cuesta 119, D23
Dr. J. Diaz, C. 111, E5
Dr. Letamendi, C. del 109, F4
Dr. Pedro Castro, C. 119, D23
Dr. Relimpio, C. 111, D8
Duarte, C. 117, D17
Dueñas, C. 114, B13
Duque Cornejo, C. 110, C7
Duque de Montemar, C. 110, B6
Duque de Veragua Redes, C. de 112, C9

E

E. Cano, C. 109, D3
E. Castro, C. 109, F2
E. Mensaque, C. 116, B19
Eduardo Dato, Av. de 115, E16
Encarnación, Pl. de la 114, A13
Enladrillada, C. de la 110, C8
Enramadilla, C. de 119, E22
Ensenada, C. 114, B14
Escarpin, C. 114, A13
Escombreros, C. 110, A6
Escuelas Pias, C. 114, C13
Eslava, C. 109, E3
Espartinas, C. 116, A17
Esperanza, C. 110, A5
Espina, C. 116, C18
Espíritu Santo, C. 110, A8
Estrella, C. V. de la 117, D20
Evangelista, C. 116, A18
Evangelista, C. 116, B17
Exposición, C. 119, D24

F

F. A. Toledo 110, C5
F. C. Gonzáles, C. 113, F12
F. Carrión Mejías, C. 114, B13
F. Gaballero, C. de 113, D10
F. Guadalupe, C. 111, E6
F. Sánchez Tovar, C. 110, C5
F. y González, C. 113, F11
Fabie, C. 112, C12
Fabiola, C. de 114, B15
Farmaceutico M. Herrera 116, C18
Farnesio, C. 114, B15
Fátima, V. de 116, B19
Faustino Alvarez, C. 110, A6
Febo, C. de 116, B18
Federico S. Bedoya, C. 113, F12
Feria, C. de la 110, A6
Fernando IV, C. de 117, D20
Fernando Villalón, C. 119, D23
Filipinas, C. 119, E24
Flor d. Lis 111, E5
Florencia, C. 115, E13
Florencio, C. 110, C6
Florida, Ca. 115, D15
Flota, C. 116, C17
Fortaleza, C. 117, D18
Francesco Moraga 111, E6
Francisco de Ariño, C. 111, F7
Francos, C. de 113, F11
Fray Alonso, C. 115, D14
Fray Diego de Cádiz, C. 110, B6
Fray Isidoro de Sevilla, C. 111, D5
Fray Luis de Granada, C. 111, D5
Froilán de la Serna, C. 110, C6
Fuenteovejuna, C. 115, E16
Futuro, Co. del 108, C1

G

G. Azazarrate 111, E6
G. de Vinuesa 113, E12
G. G. Marva 111, E6
G. Gallinato, C. 119, D21
Gabrera, C. 113, D11
Galiano, A. 111, D5
Gallos, C. de 114, C13
Gamazo, C. 113, E11
Garci Fernández, C. 111, F7
García Pérez, C. 114, C15
Garcia Ramos, C. de 113, D9
Gavida, Pl. de la 109, E4
Genil, C. 113, D11
Génova, C. 117, D18
Geranio, C. 111, E5
Gerona, C. 114, A13
Gladiolo, C. de 111, F5
Glorieta Anibal Gonzalez 118, B23
Goles, C. de 108, C4
Gonzales Cuadrado, C. 110, A7
Gonzalo Bilbao, C. 115, D13
Gonzalo Sagovia, C. 117, D18
Goyeneta 113, F9
Gracia y Esperanza, C. V. de 115, D14
Gral. Castaños, C. 113, E12
Gral. Primo de Rivera, C. 118, B22
Gran Capitán, C. 118, B23
Granada, C. 113, F11
Gravina, C. de 113, D10
Guadaira, C. 119, D21
Guadalquivir, C. de 109, E3
Guadiana, C. 110, A7
Guzmán el Bueno, C. de 114, A15

H

Habana, C. 117, F17
Harinas, C. de las 113, E11
Herbolario, C. 114, A14
Hernán Cortés, Av. de 118, B24
Hernando Colón, C. 113, F11
Higuera de la Sierra, C. 111, F6
Hiniesta, C. 110, B8
Hiniesta, C. 110, C7
Hombre de Piedra, C. 109, E3
Honderos, C. 111, D6
Huelva, C. de 114, A14
Huestes, C. 119, E22

I

I. de Neve 114, A16
Ignacio Gómez Millán, C. 116, A17
Immaculada, V. 116, B18
Imperial, C. 114, C14
Infanta Luisa de Orleàns 118, C22
Infante Carlos de Borbón 118, C22
Inocentes, C. 110, B8
Irun, C. 114, C15
Isabel la Católica, Av. de 118, B23
Isabela, C. 119, E24

J

J. de la Encina, C. 114, C14
J. de Oviedo, C. 109, F3
J. Lugo, C. 116, C17
J. M. Rodriguez, C. 111, D6
J. Martos, C. 116, A17
J. R. Guerrero, C. 111, D6
J. Robles, C. 110, A5
J, Velilla, C. 113, D10
Jabugo, C. 111, F7
Jaira, C. 110, A5
Jáuregui, C. de 114, C13
Jerónimo Hernández, C. 114, A13
Jesús de la Vera Cruz, C. 113, D9
Jesús del Gran Poder, C. de 109, E4
Jimenéz Aranda, C. 115, E16
Jimios Castillejo, C. 113, E11
Joaq. Costa, C. 109, F3
Joaquín Guichot, C. 113, F11
Joaquín Molares y Torres, C. 115, D13
Jorge de Montem., C. 111, D5
José Cámara, C. 115, E15
José Gestoso, C. 113, F9
José L. Luque, C. 114, A13
José Laguillo, C. 115, E13
José Maluquer, C. 111, E5
Jose María Izquierdo, C. 111, E6
José Maria Osborne, C. 118, C22
José-Cruz-Auñón, C. 112, A12
José-Cruz-Conde, C. 118, C22
Juan Antonio Cavestany, C. 115, D15
Juan de Astorga 110, A5
Juan de Vera, C. 115, D14
Juan de Zoyas, C. 115, E15
Juan del Castillo, C. 114, C16
Juan Nuñez, C. 111, E6
Juan P Montalban, C. 109, F3
Juan Pablo I, C. 116, A19
Juan Rabadán, C. de 109, D4
Juan Ramón Jiménez, C. 117, D20
Juan Sebastián Elcano, C. 117, E19
Julio César, C. de 113, D10
Júpiter, C. de 115, D14
Justino Matute, C. 116, A17
Juzgado, C. 110, C7

L

La María, C. 111, D7
La Niñ 111, F7
La Pinta 111, F7
La Ràbida, C. 117, F19
La Santa María 111, F7
Lagar, C. de 113, F10

Kartenregister

Lamarque de Novoa, C. 111, F6
Lanza, C. de 114, C14
Laraña Imagen, C. de 113, F9
Las Cortes 113, E9
Las Cruzadas, C. 119, D23
Lealtad, C. 116, B18
Legión, Pl. de la 112, C10
Leiría, C. 116, B17
León XIII, C. de 111, D5
Leoncillas, C. 114, C13
Leonor Dávalos, C. 109, F3
Lerena, C. 109, F4
Libros, V. de los 113, D9
Liñán, C. 112, C9
Lineros, C. de 113, F10
Liria, C. 110, C7
Lirio, C. 114, B15
Llerena, C. de 111, E6
Lope de Vega, C. 115, E14
Lopez de Gómara, C. 116, A19
Lopéz de Rueda, C. 114, B16
Los, C. de 114, A15
Luca de Tena, C. 116, C17
Luchana, C. 114, A14
Lucía de Jesús, C. 116, B17
Luis Cadarso, C. 115, D14
Luis de Cuadras, C. 117, D17
Luis de Vargas 112, C10
Luis Montoto, C. de 115, D15
Lumbreras, C. 109, E2
Luz Arriero, C. 116, C18
Luz, C. V. de la 114, C14

M

M. Alemán, C. 113, E10
M. Angulo, C. 111, E6
M. de Duero, C. 112, C10
M. Dios.., C. 113, B15
M. Gabrera 110, A5
M. Pacheco 119, D23
M. Pineda, C. 117, F17
M. R. Marcos, C. 114, A15
M. Rodenas, C. 111, F5
M. Rodrigo, C. 117, F17
M. Torrero, C. 114, C13
M. V. Sagastizábal, C. 118, C21
M. y Pavón., C. 114, A15
Macarena 110, C6
Macasta, C. 110, B7
Madre Rafols, C. 117, D20
Madreselva, C. 111, E5
Madrid, C. de 113, E11
Maestro Quiroga, C. 111, D7
Magallanes, C. 112, A11
Málaga, Av. de 118, C21
Mallén, C. 115, F15
Malpartida, C. 110, B6
Man. B. Barrera, C. 118, B21
Man. Carretero, C. 111, F6
Manuel F. Anta, C. de 109, E4
Manuel Mateos, C. de 110, C5
Manuel Pérez, C. 115, E16
Manuel Villalobos, C. 111, D5
Manzana, C. 110, C5
Mar del Plata, C. 116, A19
Maravillas, C. 110, B8
Marcelino Champagnat, C. 116, C18
Margarita, C. 111, F5
María Auxiliadora, C. 111, D8
Maria Luisa, Av. de 118, A23
María, Ave. 114, C14
Marianillo, C. 116, C18
Mariscal, C. 114, B16
Marmoles, C. 114, A15
Marqués de Estella, C. 119, E21
Marqués de la Mina 109, D3
Marqués de Paradas, C. 112, C10
Marteles, C. 111, D8
Martín Villa, C. 113, F9
Martínez Montáñes, C. de 109, E4
Mártires, Campo de los 115, E15
Mat. Gago., C. 114, A16
Mata C. de Santa Rufina, C. 109, F3
Matahacas, C. 114, C13
Matienzo, C. 117, F17
Med. Milagrosa, C. 111, D6
Medina, C. 109, E3
Méndez Núñez, C. 113, E10
Mendoza Rios, C. de 113, D9
Menéndez Pelayo, C. de 114, C16
Miguel Cid, C. de 109, D4
Miño, C. de 116, C19
Miraflores, Av. de 111, E7
Mo. Guerrero 116, A17
Molveidro, Pl. 113, D11
Monederos, C. 110, A5
Monsalvés, C. 113, D9
Montana 109, F3
Montañas 116, C20
Monte Carmelo, C. de 117, E19
Montevideo, C. 118, C24
Montevideo, C. 119, D24
Montserrat, C. V. de 117, E20
Moratín, C. de 113, E10
Morera, C. 110, C7
Morgada, C. de 109, F4
Muñoz León, C. 110, C6
Muñoz Olivee, C. de 113, E10
Murillo, C. 113, D10

N

Naos, C. 117, D19
Narciso Bonaplata, C. 109, D3
Navarros, C. de los 114, C14
Nebli, C. 115, E15
Nicólas Alperiz, C. 118, C24
Niebla, C. de 116, B19
Niebla, C. de la 117, D18
Niño Perdido, C. 109, F3
Núñez de Balboa, C. de 117, E17

O

O'Donnell, C. 113, E10
Odiel, C. 112, A10
Odreros, C. 114, A14
Oliva, C. V. de la 116, B20
Olivares, C. 116, A17
Ord. de Malta, C. 110, B6
Orfila, C. de 113, F9
Oscar Carvallo, C. 115, F16

P

P. Mencheta 109, F3
P. Roldán 114, C16
P. Socorro, V. 116, B19
Pacheco y Nuñez del Prado, C. 109, F2
Padre Manjón, C. 110, B7
Padre Marchena, C. 113, E11
Padre Méndez Casariego, C. 115, E14
Pages del Corro, C. 112, A12
Pajaritos, C. 114, A15
Palacio Malaver, C. 110, A7
Palma del Río, C. E6, 111
Palos de la Frontera, C. de 118, A22
Pant., A. 110, C6
Paraíso, C. 117, D18
Parras, C. 110, A6
Particular, C. 116, B19
Pasaje Mallol 110, C7
Pascual de Gayangos 109, D4
Paseo de Cristóbal Colón 113, D12
Passeo de las Delicias 117, F18
Pastory Landero, C. de 113, D11
Patricio Sáenz, C. 110, B6
Pavía, C. 113, E12
Pedro Caravaca, C. 113, E10
Pedro Miguel, C. 110, A7
Pedro Pérez Fernández, C. 116, C20
Pedro Taiur, C. 110, C5
Pelay Correa, C. de 117, D17
Peñaflor, C. 116, A17
Pensamiento, C. 111, F5
Peñuelas, C. 114, B13
Perafán de Ribera, C. 110, A5
Peral, C. del 109, F2
Pérez Galdós, C. 114, A14
Pérez Hervás, C. 115, E13
Perú, Av. del 118, A23
Pescadería, C. 109, E4
Pie. M. de Esquivel 109, F2
Pilar de Gracia, C. 116, C17
Pimienta, C. 114, A16
Pino, V. del B18,116
Pinzón, Av. de 118, B24
Pinzones, C. 111, F7
Pirineos, C. de los 115, F16
Pizarro, Av. de 118, B24
Placentines, C. 113, F11
Plácido Fernández Viagas 119, E24
Polancos, C. Los 111, E7
Portaceli, C. 119, E21
Portugal, Av. de 118, B22
Potro, C. de 109, F4
Pozo, C. de 110, B6
Prado, V. del 116, B18
Previsión, C. 111, E5
Procurador, C. 112, A11
Prosperidad, C. 116, A18
Puenta de la Barqueta 109, E1
Puente de Isabel II 112, C12
Puente de la Cartuja 108, B4
Puente de San Telmo, 117, E18
Puente del Cachorro 112, A10
Puente del Generalísimo 117, F20
Puente y Pellón 114, A14
Puerta de Jerez 117, F17
Pum, Pl. de 110, B6
Puñorrostro, C. 114, A10
Pureza, C. de la 112, C12
Purgatorio 111, D5

Kartenregister 123

Q
Quevdo, C. de 109, F4
Quintana, C. 109, F4
Quintero, C. 110, C6

R
R. Calvo Herrera, C. 113, D10
R. Herrera el Viejo 113, D10
Rastro, C. 114, C16
Recaredo, C. de 115, D14
Refugio, V. 116, C20
Regina, C. 110, A8
Relator, C. de 110, A7
República Argentina, Av. de la 116, A20
Requena, C. 112, B12
Resolana, C. de 110, A5
Rey, V. del 115, D13
Reyes Católicos, C. 112, C11
Río de la Plata, C. 119, D24
Rioja, C. 113, E10
Rivero, C. 113, F10
Robledo, V. de 117, F20
Rodo, C. 113, E12
Rodrigo de Triana, C. 116, B17
Rodríguez Alonso, C. 116, B19
Rodríguez Caso, Av. 118, B23
Roelas, C. 109, E3
Roma, Av. de 117, F18
Ronda de Capuchinos, C. 111, D7
Rosaleda, C. la 111, E7
Rosario Vega, C. 117, D18
Rosario, C. de 113, E10
Rubio, C. de 114, A15
Ruiseñor, C. 116, A17
Ruiz de Alda. Pl. de 119, D23

S
S. Barcaizt. 112, C11
S. Clemente, C. 114, C15
S. D. de Nuestra Señora, C. 110, B8
S. de Castro, C. 110, C8
S. Florencio, C. 115, F15
S. Juan de Avila, C. de 113, E9
S. Juan de la Palma 110, A8
S. Juan de Ribera 110, B5
S. M. Gracia., C. 113, F9
S. M. Lasso de la Vega, C. 113, F9
S. Nevada, C. 114, C14
S. Ochoa, C. 115, E13
S. P. Mártir, C. 113, D10
S. Teresa, C. de 114, B16
Saavedras, C. 110, A8
Sacra Familia, C. 116, C17
Sagasta, C. 113, F10
Salado Bacarisas, C. de 116, B19
Salado, A. 112, C9
Salado, C. de 117, D18
Salesianos, C. 111, D8
Salvador G. Fantoni, C. 116, C18
San Benito, C. de 115, E15
San Bernardo, C. de 119, D21
San Blasilo, C. de 110, B7
San Diego, C. de 113, E12
San Eloy, C. de 113, E9
San. Esteban, C. de 114, C14
San F. de Paula, C. 109, E4
San Felipe, C. de 114, B13
San Fernando, C. 118, A21
San Gregorio, C. de 117, F17
San Hermenegildo, C. de 110, C7
San Isidoro, C. 114, A15
San Jacinto, C. de 116, A17
San Joaquín, C. de 111, F8
San Jorge, C. 112, B12
San José, C. de 114, B15
San Juan de Bosco, C. de 111, F8
San Laureano, Pl. 112, C9
San Luis, C. de 110, B6
San Miguel, C. 113, E9
San Pablo, C. de 113, D10
San Salvador, C. 119, E24
San Vicente de Paul, C. de 112, A12
San Vicente, C. de 109, D3
San Vincente, C. 113, D9
Sánchez Perrier, C. de 110, C6
Sanchez Reciente 110, C5
Sanjurjo, Av. 117, F17
Santa Ana, C. de 109, E3
Santa Clara, C. de 109, E3
Santa Fe, C. 116, B20
Santa Justa, C. 111, F8
Santa Maria la Blanca, C. 114, B16
Santa Rosa, C. 119, D24
Santa Vicenta María, C. 113, E9
Santander, C. 117, F17
Santas Patronas, C. de 113, D11
Santiago, C. 114, C14
Santo Angel, C. 116, C20
Santo Rey, C. 119, D21
Saturno, C. 115, D13
Sauceda, C. 113, E10
Seda, A. de la 109, E2
Setefilla, V. de 117, D19
Sgdo. Corazón, V. 116, B19
Sierpes, C. de las 113, F10
Sierra, V. de la 119, D22
Siete Rev., C. D. 114, A14
Socorro, C. 110, B8
Sol, C. del 111, D8
Sor Angela de la Cruz, C. 114, A13
Sorda, C. 110, C6
Sta. Lucía, C. 111, D8
Sta. María de los Reyes, C. 111, F6
Sta. María del Robledo, C. 111, F6
Sta. Paula, C. de 110, C8
Stma. Trinidad, C. 111, F6
Sto. Tomás 113, F12

T
T. Perez, C. 111, D6
T. Santos, V. 116, B20
Tadeo Soler, C. 116, B19
Talavera, C. 110, A6
Tarifa, C. 113, F9
Teide, C. 110, A6
Temprado, C. 113, E12
Teniente Borges, C. 113, E9
Tentudia, C. 119, D21
Teodosio, C. de 109, E3
Tetuan, C. 113, E11
Tintes, C. 114, C15
Toneleros, C. D. 113, E12
Torneo, C. de 109, D3
Torneo, C. del 112, B10
Torreblanca, C. 110, B6
Torres, C. 110, A6
Torrigiano, C. 110, A5
Trabajo, C. de 116, B18
Trajano, C. 109, E4
Trastámara, C. de 112, C11
Trinidad, C. 111, D8
Trovador, C. 115, E16
Troya, C. de 117, D17
Tte. C. Segui, C. 113, E11
Tte. V. Zúñiga, C. 113, D11
Turia, C. de 117, D19

U
Ubeda, C. 115, D14
Ulloa, A. 113, D9
Unidad, C. 115, E16
Urquiza, C. 115, F13
Uruguay, Av. de 118, A23

V
Virgen Milagrosa, Pl. 117, D18
Vaivanera, Pje. 110, B7
Valladares, C. 112, B12
Valle, C. de 115, D13
Valme, C. 119, E21
Varflora, C. 113, E12
Velarde, C. 113, E12
Velázquez, C. 113, E10
Venecia, C. 111, F8
Verde, C. 110, A7
Verde, C. 114, C15
Verónica, C. de la 114, C13
Via Crucís 115, F15
Vib-Arragel 109, F1
Victoria, C. 116, C17
Vidrio, C. de 114, C15
Vigen de Aguas Santas 116, B20
Vila, Pje. de 114, A16
Virgen de Africa 116, B19
Virgen de Begoña 117, D19
Virgen de Belén 116, B19
Virgen de Consolación 117, D18
Virgen de la Regla, C. 117, D19
Virgen de las Huertas, C. 117, D19
Virgen de Loreto 117, D20
Virgen de Luján, C. 117, D20
Virgen del Monte 116, C19
Virgen del Subterraneo 110, B7
Virgen del Valle 117, D19
Virgen Fuensanta 117, E20
Virgen Valvanera 115, F16
Virgen Villadiega, C. 116, C18
Virgen-del-Aguila, C. 116, C20
Virgenes José Sta. 114, B15
Viriato, C. 110, A8
Virtud, C. 116, B19
Vista Hermosa, C. 111, D6
Voluntad, C. 116, A18

X
Ximénez de Enrico, C. 114, B16

Y
Yuste, C. de 109, E2

Z
Zamudio, C. 114, B14
Zaragoza, C. 113, E11
Zarven, C. 109, D4

Orts- und Sachregister

Hier finden Sie alphabetisch aufgeführt alle in diesem Band beschriebenen Sehenswürdigkeiten und Museen, Hotels (H) und Restaurants (R). Außerdem enthält das Register wichtige Stichworte sowie alle MERIAN-Tipps und Top-Ten dieses Reiseführers. Wird ein Begriff mehrfach aufgeführt, verweist die **fett gedruckte** Zahl auf die Hauptnennung im Band, eine *kursive* Zahl auf ein Foto.

A

Abendgestaltung 36
Abril (H) 17
Achterbahn der Isla Mágica (MERIAN-Tipp) 65
Alameda de Hércules 53
Al-Andalus Palace (H) 15
Alcázar de la Puerta de Sevilla (Carmona) 83
Alcázar del Rey Pedro I. (Carmona) 83
Alfalfa 10 (R) 24
Alfonso XIII (H) *14*, 15
Amphitheater (Itálica) 87
Anreise 98
Antiguo Convento de Nuestra Señora de los Reyes 74
Antiquitäten 30
Apolo 40
Apotheken 101
Aquopolis 48
Archivo General de Indias (MERIAN-TopTen) **71**, *74*, 78
Auditorio Rocío Jurado 40
Auskunft 99
Autofahren 105
Ayuntamiento **54**, *55*, 81
Ayuntamiento Antiguo (Carmona) 83

B

Bar Manolo Alfalfa (R) 22
Barrio de Santa Cruz 54
Bars *11*, 38
Basílica de la Macarena *56*, 56
Becerrita (R) 21
Bienal del Arte Flamenco 45
Bigote (R, Sanlúcar de Barrameda) 88
Bodega Dos de Mayo (R) *25*, 25
Bodegas 25
Bodega de Díaz Salazar (R) 25
Bootsfahrt auf dem Guadalquivir 48
Buchläden 30
Buchtipps 100
Busverbindungen 105

C

Cabalgata de los Reyes Magos (MERIAN-Tipp) 47
Café de Indias (R) 22
Café-Bars 22
Café-Konditoreien 23
Cafés 22
Caffè Diletto (R) 24
Calle Betis 69
Calle de las Sierpes 56
Carmona 83
Casa Balbino (R, Sanlúcar de Barrameda) 88
Casa Chema (R) 21
Casa de la Condesa de Lebrija 71
Casa de la Lonja 78
Casa de Pilatos **56**, 71, 80
Casa Imperial (H) 16
Casa Modesto (R) 26
Casa Moreno (R) 26
Casa Ruperto (R) 26
Castillo de Santiago (Sanlúcar de Barrameda) 88
Catedral de Santa María de la Sede (MERIAN-TopTen) *8*, *57*, **57**, 78
Centro Andaluz de Arte Contemporáneo 72
Centro Andaluz de Teatro 40
Centro Cívico Casas de las Columnas 75
Centro Cívico las Sirenas 75
Cervecería internacional (R) 23
Cervecería Ruiz, Casa Cuesta (R) 23
Cervecerías 23
Chocolaterías 22
Clubs 39
Colegiata de Santa María de la Asunción (Osuna) 84
Confiterías Ochoa (R) 23
Consulado del Comercio 78
Convento de la Encarnación **66**, 78
Convento de la Madre de Dios 80
Convento de la Merced Calzada 72
Convento de Santa Clara 68
Convento de Santa Inés 58
Convento de Santa Isabel 61
Convento de Santa Paula 58
Corpus Christi (Los Seises) 45
Corregidor (H) 17
Coto de Doñana (MERIAN-TopTen) 84, *85*
Cybercafé Torínet (R) 24

D

Delikatessen 32
Diplomatische Vertretungen 100
Diskotheken 39

E

Écija 83
Ecobar Gaia (R) 26
Egaña Oriza (R) 21
Einkaufen *28*, 28
Einwohner 98
Eisdielen 24
El Arenal 58
El Copo (R) 23
El Espigón I (R) 21
El Espigón II (R) 21
El Giraldillo (R) 26
El Rey Moro (H) 17
El Rey Moro (R) 22
El Rinconcillo (R) *18*, 26
El Rocío *76/77*, 85
El Torno – Dulces de Convento (H, MERIAN-Tipp) 23

Orts- und Sachregister 125

Emperador Trajano (R) 22
Encuentro Internacional de Música de Cine 45
Entfernungen 99
Entrecárceles (R) 26
Essdolmetscher 97
Essen 18
Europa (R) 23

F
Familientipps 46
Feiertage 100
Feria de Abril 45
Feste und Events 44
Festival Internacional de Danza de Itálica 45
Flamenco (MERIAN-Spezial) 36, 42, *42*
Flamencokostüme 30
Flamencolokale 39
Flamencomusik (MERIAN-Tipp) 29
Freidurías (Fischbratereien) 24
Freilichtkinos 40
Fremdenverkehrsämter 99
Fundación El Monte 75
Fundación Focus-Abengoa 41

G
Galería de Arte Haurie 75
Geld 101
Geschenke 30
Geschichte 93
Giralda (MERIAN-Tipp) *8*, *38*, **57**, 60, 65
Golf 101

H
Hacienda Benazuza el-Bullihotel (H) 15
Hacienda la Boticaria (H) 15
Hospital de la Caridad (MERIAN-Tipp) **75**, 82
Hospital de los Venerables **75**, 80
Hostal París (H) 17
Hostería del Laurel (H) 17
Hotel Alfonso XIII 58
Hotel Amadeus (H) 16
Hotels 15

I
Iglesia de Nuestra Señora de la O 60
Iglesia de San Ildefonso 80
Iglesia de San Isidoro **66**, 81
Iglesia de San José 80
Iglesia de San Luis 60
Iglesia de San Marcos 60
Iglesia de San Pedro 61
Iglesia de Santa Ana 61
Iglesia de Santa Catalina 61
Iglesia de Santa Cruz 80
Iglesia de Santa María (Écija) 84
Iglesia del Salvador *60*, **61**, 81
Iglesia Nuestra Señora de la O (Sanlúcar de Barrameda) 88
Iglesia Santa María la Blanca 80
Immaculada Concepción 78
Instrumente 34
Internet 101
Internetcafés 24
Isabel Ignacio 75
Isla de la Cartuja 62
Isla Mágica (MERIAN-TopTen) 48
Itálica *86*, 86

J
Jardines de Murillo *62*, **62**, 80
Jazzclubs 40

K
Karneval 45
Karwoche (MERIAN-TopTen) 44, 45, *90/91*
Keramik *30*, 31
Kindermode 32
Kinos 40
Kiosko de las Flores (R) 26
Kneipen 38
Konsulat 100
Konzerte 40
Kreditkarten 101
Kunst 31
Kunsthandwerk 31
Kutschfahrten 46, **48**, 106

L
La Albahaca (R) 21
La Albariza (R) 25
La Alquería (R) *20*, 20
La Campana (R) *22*, 23
La Carbonería (MERIAN-Tipp) 39
La Cartuja de Cazalla (H, MERIAN-Tipp) 16
La Ermita de Nuestra Señora (Rocío) 85
La Inmaculada Concepción 45
La Isla (R) 24
La Macarena 63
La Sopa Boba (R) 22
Laredo (R) 23
Las Casas de la Judería (H) 17
Las Golondrinas (R) 26
Las Teresas (R) 26
Lebensmittel 32
Lederwaren 35
Livemusik 39
Los Munditos (R, MERIAN-Tipp) 24

M
Maestranza (H) 17
Maestranza (R) 23
Marián (H) 17
Märkte 33
Medizinische Versorgung 101
Mes de Danza 45
Mode 33, *35*
Monasterio Cartujo de Santa María de las Cuevas 63
Monasterio de San Clemente 64
Murallas 64
Museo Archeológico (Itálica) 87
Museo Arqueológico 72
Museo de Artes y Costumbres Populares 72
Museo de Bellas Artes (MERIAN-TopTen) *70*, 72
Museo Marítimo 74
Museo Taurino de la Real Maestranza de Caballería de Sevilla 74
Musik 34

Orts- und Sachregister

N
Nachtlokale 38
Necrópolis Romana (Carmona) 83
Notruf 101

O
Öffentliche Verkehrsmittel *104*, 105
Olympiastadion 64
Oper 40
Osuna 84

P
Palacio Arzobispal 66
Palacio de Peñaflor (Écija) 84
Palacio de San Telmo 64
Panoramafahrt auf dem Guadalquivir (MERIAN-Tipp) 105
Parador de Carmona (Carmona) 83
Parlamento de Andalucía 65
Parque Científico y Technológico 62
Parque de María Luisa *4/5*, 65
Parque del Alamillo 65
Patio de la Alameda (H) 17
Patio de la Cartuja (H) 17
Patio de la Montería 79
Patio de las Banderas 80
Patio de las Doncellas 79
Patio de las Muñecas 79
Patio de León 79
Patio de los Naranjos **57**, 78
Patio de Yeso **68**, 79
Patio del Crucero 68
Patios de Sevilla (H) 17
Petit Palace Canalejas (H) 16
Petit Palace Marqués Santa Ana (H) 16
Petit Palace Santa Cruz (H) 16
Plaza de Alfaro 80
Plaza de la Alfalfa **66**, 81
Plaza de la Virgen de los Reyes **66**, 79
Plaza de las Cruces 80
Plaza de San Fernando (Carmona) 83
Plaza de Santa Cruz 80
Plaza de Toros 82
Plaza del Triunfo **66**, *68*, 78
Porta Coeli (R) 21
Post 102
Puerta de la Asunción 79
Puerta de San Cristóbal 78

R
Rafael Ortiz 75
Rayas (R) 24
Real Fábrica de Tabacos 69
Reales Alcázares (MERIAN-TopTen) *52*, *66*, **67**, *79*, 79
Reisedokumente 102
Reiseknigge 102
Reisezeit 102
Restaurants 20
Romería de El Rocío *9*, 85

S
Sala de los Embajadores *52*, *79*
Salomón (R) 26
Salones de Carlos V **68**, 79
Sanlúcar de Barrameda 88
Santa Cruz 54, *81*
Schmuck 34
Schuhe 35
Secondhand 33
Semana Santa (MERIAN-TopTen) *44*, 45, *90/91*
Sevilla Card 103
Sevilla en Otoño 45
Spielpark Fort Luka's 48
Spielzeug 32
Sprache 98, **103**
Sprachführer 95
Stadtrundfahrten 103

T
Taberna del Alabardero (H) 16
Taberna del Alabardero (R) 21
Taberna la Goleta (R) 26
Tabernas 25
Tapas-Bars (MERIAN-TopTen) 25
Tartaneros (H, Sanlúcar de Barrameda) 88
Taxi 105
Teatro Alameda 41
Teatro Central 41
Teatro de la Maestranza **41**, *82*, 82
Teatro Lope de Vega *41*, 41
Telefon 104
Theater 40
Theatersaal und Café-Bar »El Cachorro« (MERIAN-Tipp) 40
Tiere 104
Torre de Abd al-Azis 64
Torre de Don Fadrique (MERIAN-TopTen) 68
Torre de la Plata **64**, 82
Torre del Homenaje (Sanlúcar de Barrameda) 88
Torre del Oro (MERIAN-TopTen) *50/51*, 82
Torre mirador (MERIAN-Tipp) 65
Triana 69
Triana Pura (MERIAN-Tipp) 29
Trinken 18

U
Übernachten 14
Universidad 69

V
Velá de Santiago y Santa Ana 45
Verkehrsverbindungen 105
Verwaltung 98
Vorwahlen 104

W
Wirtschaft 106
Wirtschaft 98
Workcenter (R) 24

Z
Zeit 106
Zeitungen 106
Zeitungen und Zeitschriften 35
Zoll 106
Zugverbindungen 105

Impressum

Liebe Leserinnen und Leser,
wir freuen uns, Ihre Meinung zu diesem Reiseführer zu erfahren. Bitte schreiben Sie uns, wenn Sie Berichtigungen und Ergänzungsvorschläge haben oder wenn Ihnen etwas besonders gut gefällt:

TRAVEL HOUSE MEDIA GmbH, Postfach 86 03 66, 81630 München
E-Mail: merian-live@travel-house-media.de, Internet: www.merian.de

Der Autor
Diesen Reiseführer schrieb **Thomas Hirsch**. Er wurde 1962 in Berlin geboren, ist mit einer Madrilenin verheiratet und lebt seit 1994 als Reisebuchautor und Journalist in Spanien. Seit 2001 leitet er den Verlag Editora Sur Economía in Madrid und Palma de Mallorca.

**Bei Interesse an Karten
aus MERIAN-Reiseführern
wenden Sie sich bitte an:**
iPUBLISH GmbH, geomatics
E-Mail: geomatics@ipublish.de

**Bei Interesse an Anzeigenschaltung
wenden Sie sich bitte an:**
KV Kommunalverlag GmbH & Co KG
MediaCenterMünchen
Tel. 0 89 – 92 80 96 – 44
E-Mail: kramer@kommunal-verlag.de

Fotos
Titelbild: Flamencotänzerin (Superbild/Incolor).
Alle anderen Fotos Feldhoff & Martin, außer: age fotostock/look 12/13, 56; Bildagentur Huber/L. Grandadam 18, 28, 32; Bildagentur Huber/Kaos 4/5, 9; Bildagentur-online/Guichaoua 82; D. Dalfiano, AGE/F1 online 42/43; Gonzalez/laif 76/77, 85; Hacienda Benazuza elBulli 20; Hemispheres/laif 44; R. Irek 11, 22, 25, 35, 36, 104; D. Klein/laif 8; D. Renckhoff 21, 66, 79, 86; J. Richter/Look 90/91; Schapowalow/Atlantide 57, 60; Schapowalow/von Rechenberg 14; Schapowalow/R. Harding 7; The Travel Library/F. Fell 46; The Travel Library/G. Sinclair 62; Travelstock 44/F1 online 50/51

© **2008 TRAVEL HOUSE MEDIA GmbH, München**
MERIAN ist eine eingetragene Marke der GANSKE VERLAGSGRUPPE.

Alle Rechte vorbehalten. Nachdruck, auch auszugsweise, sowie die Verbreitung durch Film, Funk, Fernsehen und Internet, durch fotomechanische Wiedergabe, Tonträger und Datenverarbeitungssysteme jeglicher Art nur mit schriftlicher Genehmigung des Verlages.

Alle Angaben in diesem Reiseführer sind gewissenhaft geprüft. Preise, Öffnungszeiten usw. können sich aber schnell ändern. Für eventuelle Fehler übernimmt der Verlag keine Haftung.

Programmleitung
Dr. Stefan Rieß
Redaktion
Simone Schmidt
Lektorat und Satz
Ewald Tange, tangemedia, München
Gestaltung
wieschendorf.design, Berlin
Merian-Quiz
Verónica Reisenegger (Konzept und Idee)
Karten
MERIAN-Kartographie
Druck
Appl, Wemding
Bindung
Auer, Donauwörth
Gedruckt auf
Eurobulk von der Papier Union

1. Auflage

Ein Unternehmen der
GANSKE VERLAGSGRUPPE

Sevilla

MERIAN-Tipps
Tipps und Empfehlungen für Kenner und Individualisten

1 La Cartuja de Cazalla
Wohnen wie ein Grande in einem der schönsten Landhotels Spaniens, untergebracht in einem alten Kloster (→ S. 16).

2 El Torno – Dulces de Convento
Eine bemerkenswerte Auswahl an köstlichem süßen Schmalzgebäck, zubereitet in den Klöstern der Stadt (→ S. 23).

3 Nach Großmutters Art andalusisch essen
Im Los Munditos speist man unprätentiös und fernab vom Touristenrummel (→ S. 24).

4 Flamencomusik, die ans Herz geht
Die Gruppe Triana Pura zelebriert den Flamenco in seiner authentischsten Form (→ S. 29).

5 La Carbonería
Flamenco- oder Copla-Darbietungen vom Feinsten – jeden Abend ab 23 Uhr bis tief in die Nacht hinein (→ S. 39).

6 Theatersaal und Café-Bar »El Cachorro«
Geheimtipp für Liebhaber kleiner, kreativer Theatergruppen mit Boheme-Flair (→ S. 40).

7 Cabalgata de los Reyes Magos
Am Vorabend des Dreikönigsfestes zieht ein bunter Karrenkorso durch die Stadt, für die Kids gibt's Bonbons (→ S. 47).

8 Sevilla von oben
Herrlicher Blick, ob von der Glockengalerie der Giralda, von der Torre mirador oder der Achterbahn der Isla Mágica (→ S. 65).

9 Hospital de la Caridad
Die einstige karitative Stiftung beherbergt heute auch eine Gemäldesammlung (→ S. 75).

10 Panoramafahrt auf dem Guadalquivir
Nähern Sie sich Sevillas Highlights vom Fluss her – im Rahmen einer einstündigen »Kreuzfahrt« mit dem Boot (→ S. 105).

← MERIAN-TopTen finden Sie auf Seite 1